U0614073

新课程理念下
初中数学学习方法与实践策略

李　娟　著

中国海洋大学出版社
· 青岛 ·

图书在版编目（CIP）数据

新课程理念下初中数学学习方法与实践策略 / 李娟
著 . -- 青岛 : 中国海洋大学出版社，2023.8
ISBN 978-7-5670-3493-8

Ⅰ . ①新⋯　　Ⅱ . ①李⋯　　Ⅲ . ①中学数学课－课程改革
－教学研究－初中　Ⅳ . ① G633.602

中国国家版本馆 CIP 数据核字（2023）第 079910 号

出版发行	中国海洋大学出版社		
社　　　址	青岛市香港东路 23 号	邮政编码	266071
出 版 人	刘文菁		
网　　　址	http://pub.ouc.edu.cn		
订购电话	0532－82032573（传真）		
责任编辑	付绍瑜	电　　话	0532－85902533
印　　制	青岛国彩印刷股份有限公司		
版　　次	2023 年 8 月第 1 版		
印　　次	2023 年 8 月第 1 次印刷		
成品尺寸	170 mm ×230 mm		
印　　张	11.25		
字　　数	150 千		
印　　数	1～1 000 册		
定　　价	45.00 元		

新课程教学理念下,初中数学课程教学改革成为数学教学的重点。在这一背景下,探讨和研究初中数学学习方法是每一位数学老师都应该在教学中去实践的问题。本研究在此基础上,重点阐述了新课程理念下初中数学学习的几种方法:初中数学信息技术学习、初中数学游戏化学习、初中数学小组合作学习、初中数学生活化学习、初中数学任务型学习、初中数学情境化学习等。并且,本研究针对每一种学习方式,对学习方式的含义、意义、存在的问题以及实践方式进行了重点研究和探讨。希望本研究能够为之后初中数学学习方法与实践提供指导方向,推动新课程理念的实施。

CONTENTS **目 录**

导　论

　　数学是一门基础性学科,对提升学生逻辑思维能力与空间想象能力有着重要作用。为此,教师应积极改进教学方式与思路,为学生创设良好的教学氛围,使其感受数学知识的博大精深。然而,就目前来看,初中数学教学过程中存在着学生学习兴趣低、教学质量不高等问题,直接影响着教学质量与学生成绩。为此,教师应在认识数学教学问题基础上,采用有效的教学方式,推进数学教学活动进行,从而提升学生数学成绩。

　　先进的教学方式是推进教学质量提升的关键,为此,教师在平时教学实践活动中应重视创新教学方式,根据学生兴趣爱好与性格特点等,采用有效的教学方式,为初中数学教学有效性提供重要保障,强化教师与学生之间沟通与交流,促使教师与学生形成良好关系。同时,通过应用有效的教学方式,点燃学生数学学习的兴趣,推进教学活动的顺利进行。

　　新课程背景下,教师在教学活动中扮演的角色已由课堂的主导者变为课堂中学生学习的促进者,教师应在教学过程中不断反思和总结,同学生一起发展进步,在实际教学中通过与学生的交流互动深入了解学生的实际学习情况,打造更符合学生发展的数学课堂,提高数学教学的针对性,开展更具个性化的教学活动。教师还应在教学中不断尝试创新和改革,总结教学经验,优化教学过程,实现学生全方位成长与进步。

新课程改革实施之后,不断改革初中数学教学方式和提高初中数学教学质量成了新课程改革的目标。在新课程标准下,数学的教学方法、教学模式是多样的、灵活的、应变的,在一堂课中所运用的方法也不是单一的。素质教育和新课程都要求教师树立以人为本的教学理念,改变传统数学课堂上"填鸭式"的教学模式。注重学生的创新能力和实践能力,促进学生的多元智能化发展,促进学生数学思维能力的形成,更好地适应现代社会的发展。但是对于新课程的要求以及教学方法,有很多教师对它理解得不够深入,导致在初中数学教学实践中出现一些误区。笔者以自己多年的教学经验和对新课程理念下课堂实践的经验,来谈谈新课程初中数学的教学方法和实践。借此抛砖引玉,希望提高初中数学教学效果,帮助学生全面发展。

一、新课程理念下初中数学教学方法和教学实践主要关注点

1. 注重学生主动学习和主动思考

一般情况下,数学课堂相对于其他学科的课堂来说有些枯燥,这在无形中就给数学课堂教学带来了困难。新课程要求数学教师加强与学生的交流与沟通,引导学生积极主动地思考,渐渐培养学生学习数学的兴趣。初中生处在人生学习的黄金时期,也是比较叛逆的时期,因此,教师要注意与学生交流的方式和技巧,让他们能够接受建议,主动地学习,使学生真正做学习的主人。

2. 注重初中数学课程目标的转变

初中数学教学课程不能死守传统的课堂教学目标,要注重在课堂上强调数学的推理过程,即为什么得出这个结论,以及从这个结论中可以学到什么,让学生去体验学习的过程,使他们学会正确思维的方法和学习方式,培养他们学习数学的兴趣。比如在勾股定理的教学过程中,可以让学生先预

习,然后介绍勾股定理的历史背景、勾股定理的相关知识点,以及勾股定理这一基本定理在以后的几何学习中有哪些重要应用。最后把现实生活中的实例与勾股定理联系起来进行讲述,让学生认识到学习的重要性及生活中处处存在学习的道理,这在一定程度上培养了学生学习数学的兴趣。

3. 注重调整数学课堂的教学结构

数学作为一门主学科,对学生以后的发展以及参加升学考试,都具有很重要的作用。所以数学教师要重视学生数学的学习,调整课堂的教学结构,例如可以对学生进行分组,给每个小组分配任务,这样可以让学生更好地参与课堂教学和讨论。平面几何的一个题目往往有多种解题方法,数学教师可以让学生从不同的角度进行解析,对表现优秀的小组进行表扬,对表现不足的小组进行鼓励和引导。在课程内容方面,强调改变"繁、难、偏、旧"的教学内容,让学生更多地学习与生活、科技相联系的"活"知识;强调变"要学生学"为"学生要学",激发学生的兴趣,让学生主动参与、乐于探究、勤于动手、学会合作。

4. 注重数学课程评价系统的建设

传统的初中数学教学评价往往以分数论,谁的分数高就代表谁优秀,这样做会打击许多学生的学习积极性。在新课程的目标下,数学教师要建立科学合理的评价体系,不能只看重学生的分数。课程评价的根本目的就是改进教学、促进发展。唯分数论的评价系统显然不符合这一目标。因此,初中数学教师要注重学生的进步与发展以及学生的思考。这样才能培养学生拥有健全的人格和正确的价值观。

5. 运用微课教学

教师可以运用微课教学。借助教学视频引导学生进行自主预习,通过由浅入深的预习活动的开展,加强学生对课堂教学内容的熟悉程度,同时也能保证教学方法的有效性和针对性。同时,教师还可以借助优质的线上教学视频资源引导学生总结知识点,从课堂的重难点出发,结合名师的视频讲解,促进学生对数学知识的理解。

6. 创设教学情景,激发学习兴趣

数学教师应重视现代信息技术在教育中的有效应用,合理利用信息技术来优化数学课堂的教学方法,将抽象化的理论知识转变为教学情景,使学生在沉浸式的体验教学中有效地进行学习和思考,帮助学生全面掌握和运用数学知识。

例如,在教学有关"投影"内容时,教师可以提前收集生活中物体影子的图像,并且整理成数学教学课件,在课堂教学中利用多媒体信息技术将其播放出来,构建投影的教学情景。在教学过程中,教师可以根据物体与影子的关系,引导学生认识和掌握中心投影、平行投影和正投影,使学生能够积极主动地投入学习中。同时,教师可以根据学生的学习情况,指导学生掌握控制物体在太阳光下形成影子的大小和方向的方法,将课堂学习的理论知识及时有效地运用到实践中。利用现代信息技术创设教学情景的方式,不仅可以激发学生的学习兴趣,构建良好的课堂学习氛围,还能引导学生在情景中培养数学思维能力,提升初中数学课堂的有效性。

7. 借助问题驱动,主动探究学习

初中数学教师在具体的教学活动中应立足初中生的实际学习情况,合理地设置具有逻辑结构且科学合理的数学问题,充分调动不同层次学生的积极性和主动性,有效地将问题驱动教学方式运用在课堂教学中,从整体上提升初中数学课堂的教学效果。

以教学"勾股定理"为例,教师可以基于本节课的主要知识内容,提出问题,引发学生思考,发挥问题驱动的导向性,促使学生主动围绕问题展开

探究式学习。为了激发学生的学习热情,教师可以先对已知内容进行总结:"两直角边上图形面积的和等于斜边上图形的面积。"逐步引导学生去探索如何根据勾股定理求出面积,在问题的驱动下,使学生掌握勾股定理的计算方式,强化初中生对数学知识的理解运用。

8. 利用生活素材,提高学习效率

随着新课程改革的不断深入,教师教学的最终目的已成为培养学生对知识运用的综合性能力,坚持以"自主、合作、探究"作为开展教学的基本原则,积极调动学生的自主学习能力,让学生作为课堂的主导者。在具体的教学实践中,数学教师要紧紧抓住生活化教学的实效性,将数学课程内容和生活情景同步融合,深入挖掘生活素材,有效渗透在课堂教学中,营造出良好的生活化教学氛围,发挥提升教学质量的实际作用。

为了达到良好的教学效果,数学教师可以在教学课堂中深挖生活素材,将抽象化的理论知识转变为生活化的语言,使学生能够举一反三地将数学理论知识理解运用在生活实践中,在学习基础性知识的同时逐渐形成独立的思维分析能力。比如,在教学"平均数"时,教师可以将现实生活中的例子作为教学切入点,如将学生周末学习时间的情况、一周的气温情况等通过条形统计图的方式表现出来,并逐步引导学生根据条形统计图分析数据,体会数学知识与生活素材的内在关联,帮助学生在掌握数学知识的基础上提升学习能力。

9. 采用多元评价机制开展个性化数学教学

在传统初中数学教学实践中,无论是课上还是课下,师生间交流的机会较少。学生理解吸收数学知识基本还是要依靠自身的学习能力,难免缺乏正确的学习方法或是找不到自己学习过程中存在的问题。为了践行"以人为本"的教学理念,立足素质教育观,数学教师应在教学评价环节积极改

革,从而促进每名学生全面发展。

例如,在教学"数据的收集与整理"时,教师可以安排学生以多人合作小组的形式自行解决统计调查问题,课上由小组代表进行汇报讲演。教师在进行点评前,先让学生进行组内自评和组间互评。不同内容的评价能够启发学生从多角度思考问题,从组内自评中反思自身是否吃透了统计相关知识,从组间互评培养团队协作精神,从教师的点评了解自己目前出现的学习问题和未来需要改善的问题。多元评价机制能使学生真正参与到数学教学活动当中,新颖的评价内容还能提升学生的学习兴趣,树立其学习自信,提高数学教学指导的针对性,促进学生全面发展。

二、初中数学教学技巧

1. 体现学生的主体地位,让学生自主学习

新课程理念下的数学教学,应注重培养和提高学生的学习兴趣,增强学生学习的主动性和探究的欲望。因此,教学过程中,教师要相信学生,信任学生,不能总以为学生能力不足,解决不了问题,从而把知识或问题嚼得细细的喂给学生。这种传统的知识讲授方式不利于学生学习兴趣的提高和学习自主性的增强。教师应适当把问题交给学生,让学生带着问题去学习,这些问题不能太难,要让大多数学生经过自己努力能够解决,以便学生体验到成功的喜悦,这样也提高了学生的学习兴趣。教师要把课堂交给学生,把方法传给学生,真正体现学生的主体地位和教师的主导作用。

2. 启发引导,解决问题

在初中数学课堂教学中,教师要善于启发和引导学生参与探究,探索知识形成的过程,对探究的结论进行归纳总结,从而使问题得到解决。在此过程中,教师要给学生创设思维的空间,促进学生思维的发展,养成"善于学习"的习惯。在此环节中,教师要引导学生落实重点,突破难点。教师在启

发引导时,要善于在知识生长点上设疑,特别是当学生不能凭借原有知识和方法解决新的问题、陷入迷惑不解的困境时,这里既是新旧知识发生矛盾的焦点,又是教师进行启发引导的最佳情境,更是学生思维发展的良好契机。教师在设计课堂教学时,一要注意暴露学生学习过程的困难、障碍、错误和疑问,启发引导学生自己尝试、发现和解决;二要注意寻找学生思维的闪光点,及时画龙点睛,鼓励学生提出创造性见解,增强学生的自我意识和自信心,进一步激发学生的创造性;三要注意加强操作、思维、语言的有机结合,先从操作中获得大量的感性材料,形成表象,在此基础上让学生进行认真的对比、分析、判断和综合等思维活动,再启发引导学生把思维过程或总结概括用简练的语言有层次地准确表述出来。这样,既加强了学生的动手操作,又发展了思维和语言,有利于培养学生的思维能力。

3. 通过范例和解题教学,综合运用数学思想方法

解题和反思活动一方面可以让学生从具体数学问题和范例中,总结归纳解题方法,并提炼和抽象成数学思想;另一方面,在解题过程中,充分发挥数学思想方法对发现解题途径的定向、联想和转化功能,举一反三,触类旁通,以数学思想观点为指导,灵活运用数学知识和方法分析问题、解决问题。范例教学通过选择具有典型性、启发性和创造性的例题和练习进行。教师要注意设计具有探索性的范例,在对其分析和思考的过程,展现数学思想和具有代表性的数学方法,提高学生的思维能力。例如,对某些问题,要引导学生尽可能运用多种方法,从多条途径寻求答案,找出最优方法,培养学生的变通性;对某些问题可以进行由繁到简、由特殊到一般的推论,让学生大胆联系和猜想,培养其思维的广阔性;对某些问题可以分析其特殊性,克服惯性思维束缚,培养学生思维的灵活性。

4. 构建和谐民主的师生关系

韩愈说:"弟子不必不如师,师不必贤于弟子,闻道有先后,术业有专攻,如是而已。"所以教师一定要有师生平等的意识。特别是在数学教学工作中,教师偶尔也会出错,教师应大胆地承认错误,而且要大力表扬那些解法比教师更优秀的学生,让学生在平等、和谐的环境中学习。学生感觉到被尊重和看重,才能乐观自信,勇于提出自己的见解,才会变得生动活泼、积极主动,表现出强烈的求知欲和蓬勃的创造力。只有在这种轻松、快乐的氛围中,师生平等对话交流,才能实现相互学习、探讨,在数学教学中获得良好的效果。

5. 提高讲课的艺术性

课堂教学是教师传授知识的主要形式,授课的主要表现形式就是课堂语言,教师语言水平的高低将直接影响学生对知识的理解和掌握,从而影响课堂教学效率。数学教师的语言不仅要求具备准确性、逻辑性、简洁性和启发性,同时数学教师应当具备与时俱进的发展意识,不乏幽默和趣味,使学生更容易理解要掌握的知识。比如,在计算 -3 与 -7 相加时,笔者引导学生把负数想象成阴离子,3 个阴离子与 7 个阴离子总共有 10 个阴离子,所以等于 -10。教师的语言应该像催化剂一样,深入学生的心灵和知识基础之中,与其汇合,等到恰当的时机发生反应,充分启发学生的创新精神和数学思维,促其深入思考,这样的授课才是有效的、积极的,并且能为学生的数学发展打下基础。

6. 创设有趣的情境

《义务教育数学课程标准(2011年版)》中"课程基本理念"指出:"数学教学活动,特别是课堂教学应激发学生兴趣,调动学生积极性,引发学生的数学思考,鼓励学生的创造性思维。"这一基本理念阐述了激发学生兴趣、调动学生积极性的重要性。教学实践也证明，当学生对某一门课的学习产生浓厚兴趣时，他们会积极主动而且心情愉快地学习，努力提高学习成绩。如教学"黄金分割"时教师可以提问："塔高462.85米。设计师在295米处建设了一个球体，使平直单调的塔身变得丰富多彩，非常协调、美观。为什么是295米处呢？"学生对这个问题很感兴趣，七嘴八舌，议论纷纷，课堂气氛活跃了，学生很快进入了自主学习状态，带着学习的目的进入学习，自然比没有目标的随便学习更有成效。

7. 善于应用现代化多媒体技术

现代化多媒体技术改变了传统教学中粉笔加黑板的单一、呆板的表现形式，运用形象、直观的教具，化无声为有声，化静为动，使学生进入一种喜闻乐见的、生动活泼的学习氛围，从而使学生产生极大的学习兴趣。例如，讲授"测量旗杆的高度"一课时，教师可以在课堂开始时播放有关金字塔的视频，把大家带到了遥远的埃及，向学生发问："你们知道金字塔的高度吗？你们知道测量它的方法吗？"这样导入新课，让学生觉得既轻松又新颖，激发了学生学习、探究的浓厚兴趣，唤起了学生求知的好奇心。此外，数学教学常常会用到几何画板，可以让学生以具体直观的方式感知用语言无法诠释的数学规律和数学现象。比如，在探索圆心角与圆周角的大小关系时，教师就可以利用画板展示几种位置的两个角的大小关系，学生可以很容易地猜想出关系，省去他们作图的时间和因作图误差导致无法猜想出大小关系，极大地提高了学生的兴趣和教学效果。

8. 在具体操作中培养学生的数学能力

数学不是一门理论课，许多时候都要靠学生自主探索才能获得数学规律和结论，动手操作有利于学生理解数学的性质和规律。在教学"探索三角形全等条件"时，教师可以要求学生课前用小木棍或者硬纸片制作三角形和四边形,上课时通过摆弄纸片,学生就会很容易地感受到三角形的稳定性和四边形的不稳定性。学生动手操作,比看教师拼、摆,听教师讲解对知识的掌握牢固得多,既能提高学生的学习兴趣,又能开发学生的数学潜能。总之,让学生在愉快的操作活动中掌握抽象的数学知识,既发展了学生的思维,又提高了学生的数学能力。

9. 加强师生间的互动

数学教学需根据学生思维发展的特点和教材的要求,有目的、有计划地进行教学工作,让学生成为课堂的主体而不是学习的奴隶。那么,教师在问学生问题时,要少问学生"是不是""对不对",而要多问"你是怎么做的""你有什么更好的解法"等问题。在教学过程中,教师要善于发现课堂中学生存在的迫切需要解决的问题,应该鼓励学生敢于提问、善于提问。对于学生提出的问题,要通过师生之间的交流或学生之间的讨论去解决问题。特别是一题多解时,可以尝试让学生展示不同解法,其余学生观摩学习,通过讨论,激活学生思维,在交换意见中相互启发,加深理解。

10. 注意及时巩固

数学作业是课堂教学的重要组成部分,也是巩固课堂教学成果的重要方式,它能有效地反映学生是否达到课堂教学目标。因此,数学教师应当充分重视作业的重要性,特别是要意识到作业不在于量的多少,而在于不同学生能否通过作业达到学习目标。教师在布置作业时一定要注意作业的科学性,可以尝试分层次布置作业,适合不同学生的最近发展区,真正实现数学教学目标。

11. 进行开放性试题的讲解

在进行开放性试题教学的过程中,题目的选择非常重要。让学生练习开放性试题的目的不是要难住学生,而是要让学生的思维得到一定的锻炼,达到对知识的科学与灵活的应用,所以,题目的内容要具有趣味性,在解题思路上又具有挑战性,学生在读了题目以后立刻感到眼前一亮,产生继续探索下去的冲动。所选择的开放性试题要既有一定的深度又有一定的广度,促使学生从不同的角度去理解和解答,锻炼学生思维的敏捷性和灵活性。

数学开放性试题的一大特点是一个题目有多种解法。为了确保解题的时间与效率,教师可以让学生采取合作学习的方式对所给的题目进行解答,发挥集体的智慧与力量。教师要扮演引导者的角色,维持好课堂纪律。一旦学生在某一些方面出现问题,教师要给予学生一定的指导,帮助学生解决困难。对于学生的积极表现,教师要及时给予赞扬和奖励,使学生充分树立学习的信心,让每一名学生都能积极参与到活动中来。

开放性试题比较特殊的地方在于它需要很长时间的学习与探究。学生要想掌握这类题型的解法,往往需要一个练习与思维的过程。教师在这一过程中要有足够的耐心和爱心,建立全面的评价机制,不单纯关注学生的解题答案是否正确,更重要的是关注学生在思维与解题方法上面取得的进步,关注学生的思维过程,把做开放性试题看成是数学探索和发现的过程,使学生在探索的过程中感受到数学的美,产生浓厚的数学学习兴趣。

当开放性试题的各种解法都已经呈现在课堂上时,教师要积极抓住这个机会,让学生自行总结所做的题目以及在解题中用到的方法和策略。切忌教师自行总结。如果教师自己总结题目的类型、定义以及解题方法,然后让学生消化和吸收这些总结,学生参照教师的方法只能被动地记忆,在强化记忆的学习状态下,学生是无法真正形成自己的思维和见解的。所以,教师要充分发挥学生的积极性和主动性,让学生自己总结解题规律,对于不同学生的解题方法进行综合的评价和对比。

三、小结

创新是推动一个国家民族不断向前发展的不竭动力。为此,在新课程背景下,教师应重视加强对教学方式创新,根据学生实际情况制定教学模式,并且加强与学生沟通与交流,端正学生数学学习态度,提升学生数学学习能力,促进学生全面发展与综合素质的提升。

数学是一门基础性学科。传统数学课堂上,教师只注重数学知识的讲解、提高学生书面成绩的教学方法不再适应新时期的需求,数学学习的目的是更好地为生活服务。数学教师一定要认识到数学学习的目的,把数学新课程标准落实到课堂教学过程之中。初中阶段是学生发展的重要阶段,作为一名初中数学教师,笔者认识到了做好数学教学工作的重要性,从新课程实施之后,对新时期的数学教学工作也进行了研究,找到了有效的数学教学对策,激发了学生学习数学的兴趣,提高了数学课堂教学的质量。下面,笔者结合自己多年的初中数学教学实践,谈谈新课程理念下如何进行初中数学教学工作。

第一章

新课程理念下初中数学信息技术学习

第一节　初中数学信息技术学习

《基础教育课程改革纲要》提出："要充分发挥信息技术多媒体的优势，为学生学习和发展提供丰富多彩的教育环境和有力的学习工具；为所有学生提供探索复杂问题、多角度理解数学思想的机会，丰富学生数学探索的视野。"由此可知，信息化教学已经成为新时代教育改革发展的一种趋势。因此，我们一线的教育工作者面对这一问题，必须认真思考。而且我们要大胆实践，不断创新，不断运用信息技术改变学校落后的教育方法和手段，逐步使教学适应现代社会发展的要求。数学教师必须把数学课程和信息技术有机结合，利用信息技术参与数学教学全过程，改变数学教学信息传递的方法和手段，有效地调动学生学习的积极性，发挥学生的主观能动性，使他们满怀信心地实现学习目标。这能弥补传统教学方式中的不足，更好地解决教学中的重点、难点，提高课堂教学效率。

信息技术指的是互联网时代背景下，用于处理和管理，以及充分使用和高效利用各种信息的总称。信息技术主要包括传感技术、计算机与智能技术、通信技术和控制技术。信息技术可以将信息以文字、图片、声音、视频、色彩等形式表达出来。信息技术带动互联网的发展，以其便利性、快捷性、跨空间领域性等特点，对人们的生活、工作、学习产生深远的影响。基于信息技术具备以上优点，将信息技术融入初中数学课堂教学具有很大优势。

信息化教学是指教育者利用现在的教育媒体，信息资源和教育技术方法进行的双边的教育活动，整个教学过程都秉承着以学习者为主体，以能力为本位的执教理念，"做中学，做中教"。信息化教学设计指为实现一定的教学目标，依据学生的特征、课程内容的主题及环境条件，充分利用现代化的信息技术和资源，以学为中心，科学地安排教学过程中的每个环节和要素，以实现教学过程的优化。

信息化教学模式是建立在建构主义理论基础之上的，其学习环境包含情景、协作、会话和意义建构四个要素。信息化的教学模式可以描述为：以学生为中心，学习者在教师创设的情境、协作与会话等学习环境中充分发挥自身的主动性和积极性，对当前所学的知识进行意义建构并用所学解决实际问题。在教学中，教师由知识的传授者、灌输者转变为学生主动获取信息的帮助者、促进者；学生由外部刺激的被动接受者和知识的灌输对象转变为信息加工的主体、知识意义的主动建构者，信息所携带的知识不再是教师传授的内容，而是学生主动建构意义的对象（客体）；教学过程由讲解说明的进程转变为通过情景创设、问题探究、协商学习、意义建构等以学生为主体的过程；多媒体也由教师讲解的演示工具转变为学生主动学习、协作式探索、意义建构、解决实际问题的认知工具，学生用此来查询资料、搜索信息、进行协作学习和会话交流。

一、初中数学信息技术学习的优越性

利用信息技术进行教学和学习是当下初中数学教学的新趋势。信息技术之所以能够作为初中数学的有效教学方式，并且能够在初中数学教学中被广泛使用,是因为得到了实践教学的检验,并且具有如下四个优越性。

(1)便利性。信息技术优越性的第一个表现便是便利性。随着互联网的发展,信息技术作为一种先进的技术手段,其便利性通过以下几个方面表现出来:第一,容易操作。初中数学教师如果想要获取自己想要的教学资源,只需要登录相关的搜索软件或者是网页,输入关键词进行筛选,便可以从网络上获得大量相关的教学资源和内容。第二。承载主体多样。多媒体教学平台、手机、电脑等,都可以作为信息技术的实体承载物。因此,当初中数学教师在教学过程中遇到难点的时候,可以自己觉得便利的方式去寻求相关的问题解决资源,例如可以通过手机直接进行搜索,也可以利用多媒体平台寻找答案。

(2)资源共享性。信息技术优越性的第二个表现,便是其资源共享性。信息技术作为一种沟通的桥梁,其资源共享性主要通过以下几个方面表现出来:第一,超时空性。信息技术可以获取以往任何时间点、任何空间范围的相关资源信息。因此,初中数学教师在进行教学的时候,可以通过互联网搜寻与教学内容相关的教学资源,为自己开展初中数学教学提供帮助。第二,互动沟通性。信息技术手段可以帮助同领域之间的人们进行沟通,初中数学教师可以通过网络上的初中数学教学论坛,与论坛内的其他教师讨论教学相关问题,以此提高自己的教学水平和能力,丰富教学内容。

(3)灵活性。信息技术优越性的第三个表现就是其灵活性。信息技术作为一种新型的信息和资源传递的手段,其灵活性主要通过以下几个方面表现出来:第一,承载主体的多样性。信息技术可以采用多种多样的主体进行承载,无论是电脑、手机、平板还是多媒体教学设备等,都可以作为信息技术的承载平台,并且通过各种各样的形式去呈现信息技术资料。因此,学生在初中数学学习中,可以利用任何一种自己觉得方便的方式去进行学习。

第二,学习时间的灵活性。信息技术的另外一个优点就是资源可反复观看,可以长时间保存学习资料。也就是说,只要学生有需要,学生可以随时随地地去查看。这也能够帮助学生利用碎片化的时间进行学习,促使学生利用好每一分钟时间。

（4）突破性。将信息技术应用到数学课堂当中,有一个非常重要的目的,那就是为了提高初中生对知识的接受能力。举例说明:三角形的相关知识是初中数学教学当中的一个难点,因为三角形的内容是非常抽象的,学生们在思考的时候很容易进入一些误区。所以,数学教师就需要利用信息技术将一些抽象的数学知识转化成为具体且形象的东西,将其展现给学生,让学生了解动态结合的数学知识。在教学关于"3 cm、5 cm、8 cm"的三个边能不能组成一个三角形时,很多初中生都会给出肯定的答案。关于这个问题,数学教师可以利用多媒体来引导学生们进行思考,把3 cm的小棒和5 cm的小棒放在一起,作为三角形的两个边,然后再把8 cm的小棒作为第三边,发现不能成为三角形。这种直观的展示告诉了学生三角形三个边之间的关系,要比数学教师的直白口述形象很多。

二、初中信息技术学习基本原则

在初中数学教学中开展信息技术教学和学习,要保证学生在信息技术学习中的有效性,并且保证信息技术教学过程的科学性,就必须在采用该教学方式的过程中,坚持基本的学习原则。具体体现如下:

（1）强调协作学习,其中包括学生之间、师生之间的协作,也包括教师间的协作,如实施跨学科、跨年级的基于资源的学习。合作学习是最大效率发挥信息技术作用的有效手段,在这一过程中,团队中的不同成员承担不同的角色,共同协力开发信息技术教学资源,能让信息技术教学发挥最大的价值。

（2）充分利用各种信息资源来支持学习。信息技术教学的一个重要特点就是要尽可能地利用一切有用的信息技术资源。教师在收集初中数学教学资源时，不仅要关注课本教材大纲指定的资源，而且要学会触类旁通地收集其他相关的资源，例如名师讲堂、公开课，都可以作为信息技术资源来进行教学。

（3）以学为中心，注重学习者的学习能力培养，教师作为学习的促进者，要监控、引导、评价学习进程。信息技术教学是对传统教学模式的颠覆，传统教学模式下，教师作为课程教学的主导者，在整个教学过程中起着引领的作用，这会影响学生学习的主动性。在信息技术教学模式，教师要重视让学生主动去探索不同的信息技术学习模式，重视让学生通过各种渠道去搜索信息技术资源，发挥学生学习的主动性和创造性。

（4）以"任务驱动"和"问题解决"作为研究和学习活动的主线，在相关的具体意义情境中，确定和教授学习策略与技能。相对于传统课堂授课，信息技术教学需要坚持的另外一个重要原则就是要让学生主动去寻找问题的解决方案。教师可以给学生布置信息技术学习问题和任务，让学生在具体问题和任务的指导下，通过信息化的渠道寻找解决方案。这一原则能够提高学生解决问题的能力，帮助学生培养初中数学核心素养。

（5）强调针对学习过程与资源的评价。信息技术学习过程和信息技术学习资源，对于初中数学的学习有着重要的影响。教师要关注学生利用初中数学学习的过程，并对学生寻找到的学习资源进行有效的点评，帮助学生筛选高质量的学习资源，同时，帮助学生鉴别质量不佳的学习资源，让学生能够在以后的学习中选择科学高效的学习资源。

三、初中数学信息技术学习的核心

在初中数学信息技术教学中，教师一定要把握这一教学方式的核心，主要包括突出创新、善于表达、融合技术、展示效果、应用理论。这五个核心内容是保证初中数学课堂信息技术教学特色突出的重要条件。

（1）突出创新：课程模式要能体现出教学内容和学科的特色，将教学的问题、教学改革要解决的问题等突出表现出来。利用信息技术手段突出课程特色需要结合课堂教学内容，进行多样化的信息技术教学创新，这是保证信息技术教学生动形象性的重要表现。

（2）善于表达：利用信息技术在初中数学课堂进行教学，这并不意味着数学教师要退出课堂，而是要让信息技术成为初中数学教师课堂教学的一种重要辅助手段，教师要在课堂教学中承担重要的掌控和规划角色，并且要善于表达。语言表达一定要富有感染力，演示与表达要配合得恰到好处，在说课的过程中，精神必须饱满，富有激情，使学生能感受到教师的自信与能力，以此感染学生，引起共鸣。

（3）融合技术：要将信息技术合理地融入数学教学当中，围绕教学内容恰当、合理地选择教学媒体、资源、技术。精心设计教学内容，注重信息技术及数字资源的整合运用，解决重难点问题，完成特定的教学任务，帮助学生理解知识和掌握技能，实现教学效果的最优化。

（4）展示效果：教学设计讲究设计巧妙、立意新颖，要能适用于实际的教学，达成教学目标，有强推广性，陈述的观点要明确、思路清晰，能用数据和事实证明教学设计取得很好的教学效果。在初中数学教学中利用信息技术的手段去展示效果，一定要保证呈现形式的合理性，避免出现强制使用信息技术教学方式的情况。

（5）应用理论：教学设计应当基于现代教育的教学理念和思想，要确保所有理念能落地，能实际应用，而不是假借名头。随着信息技术在初中数学教学中的应用和推广，全国各地越来越多的数学教师都开始在课堂教学中利用信息技术教育手段，并且涌现出众多优秀的教学案例。那么，教师在开展教学的过程中，要收集优质的信息技术教学案例，学习他人优秀的教学经验，结合所在班级的教学情况，巧妙地运用他人的教学经验和教学理论，保证教学的科学高效。

四、初中数学信息技术学习的优点

第一，充分运用信息化技术，开创新的教育和学习环境，完善数学导学模式，信息化教学已成为现代教育发展的必然趋势。在这种新的环境中，学习过程本身就是个能动的过程，利于充分挖掘学生的学习潜力，培养学生的能动精神，激发学生的创新意识。学生在可能的场合采用随手可得的信息和知识自主进行进修，随时获知、获能；学生成了教学过程中的认知主体；教师可以对学生起引导作用，学生的学习可以是灵活、多样、开放的。充分体现了导学模式中强调学生自主学习的行为，变教师的"包办"为"主导"，变学生的"被动"为"主动"的思想。

第二，信息化教学具备强大的交互功能，更方便教和学双方实时和非实时交互的实现。网络技术的网络辅导教学则更有独到的功能，在培养学生创新精神和实践能力过程中有着独特的作用：计算机网络可以完全实现学习过程的个性化，有利于建构有效的个体知识结构；计算机网络所具有的多种功能在训练创新思维（如形象思维、整合思维、决策思维、批判思维）中有其独特的优势；计算机网络有利于激发创新动机，有利于刺激求知欲和独立精神，有利于培养合作精神，在发展良好的具有创新精神的个性品质过程中有着特有的功效。

第三，信息化教学能为学生提供多方位、开放性的获取知识的途径，利于学生对学习的主动参和、自主控制，使学生不一味地依赖课堂、书本获取知识，而是根据自身学习情况制定学习进程。

第二节 初中数学信息技术学习的意义

在初中教学中,推广和使用信息技术的教学学习办法,这是当下比较有效的教学方式,受到了全国各地学生以及教师的欢迎。初中数学信息技术教学之所以能够被广泛使用和推广,主要还是由于其所能带来的重大的价值,并且其具有重要的现实教学意义。无论是从学生学习的角度,还是从教师教学开展的角度来讲,都具有重要的意义。

一、实现教学与学习方式的创新

新课程理念下初中数学信息技术学习的意义之一,就是实现教学与学习方式的创新。教学方式指初中数学教师在日常教学过程中所采用的方式方法,是初中数学教师教学模式的重要表现形式。而学习方式指的是学生在初中数学学习过程中所采用的方式方法,学生的学习方法影响了学生学习的效果和质量。教学方式和学习方式对于初中数学教学与学习质量具有重要作用。初中数学的教学方式越是新颖有趣,越是多样化,就越能够打造具有吸引力的初中数学课堂并且吸引学生在课堂上学习的兴趣。相反,初中数学教学方式如果相对比较生硬,那么很难将学生的注意力凝聚在课堂上。由此可见,创新初中数学教学与学习方式至关重要。

新课程理念下初中数学信息技术教学与学习方式能够有效地创新初中数学教学方式,主要表现为以下几点:首先,能够提升教师信息化教学的意识,逐步打造信息化课堂。由于教师认识到信息化教学的优势和重要性,便开始尝试利用信息化的方式开展初中数学教学,这是对以往教学方式的改革和创新。其次,创新信息化教学的开展方式。初中数学教师在打造信息化课堂的过程中,由于信息化教学经验的不断积累和培养,教师不断地在教学中寻找信息化的多样化开展方式,让初中数学课堂变得更加有趣。另外,学生信息技术学习的意识也会不断提高。由于初中数学教师一直开展信息技术教学，学生也会在潜移默化之中受到影响，逐渐习惯信息技术学习的方式，无论是在课堂学习还是在课下学习中，都会逐步利用不同的信息技术学习方式进行学习，探索出适合自身学习状况的信息技术学习体系。

二、促进教学与学习能力的提升

新课程理念下初中数学信息技术学习的意义之二，就是促进教师教学与学生学习能力的提升。初中数学教师的教学能力是影响教学效果的决定性因素，教学能力与教学效果呈正相关。这也就是说，如果初中数学教师教学能力比较强，那么通常情况下能够更加顺畅地打造高效课堂，帮助学生提高学习成绩，深化数学课堂教学效果，增加数学课堂教学的影响力。相反，如果初中数学教师的教学能力比较薄弱，那么通常情况下很难让学生在课堂上百分之百地吸收知识点，也很难与学生在课堂上实现有效沟通。因此，初中数学教师需要进行教学能力的提升。而初中数学教师信息技术教学能够有效提升教师的教学能力。

新课程理念下初中数学信息技术教学与学习能够促进教学与学习能力的提升，主要表现为以下几点：首先，信息技术教学的过程能够培养教师的教学创新能力。教师在不断地探索如何利用信息技术教学方式开展初中数学教学的过程中，个人的创新能力得到了提升，并且对于课本教材以及信息化资源的了解和研究程度不断深化，有利于丰富教师自身教学经验。其次，信息技术教学帮助教师开拓了教学的新领域。初中数学教师在信息化素养培养的过程中，实现了教师之间思想的充分交流，互相学习和借鉴彼此信息化教学的典型经验，促进了教学能力的提升。在此基础上，学生在配合教师开展信息技术教学的过程中，信息技术学习能力与数学学习能力也会逐步培养起来。

三、加速教学与学习质量的优化

新课程理念下初中数学信息技术学习的意义之三就是加速教学与学习质量优化。教学质量优化是对初中数学教师考核的关键一环。教学质量优化不仅仅局限于课本教材,更注重教学内容的扩展,并且让教学内容更加贴合数学语言应用的实际状况,让学生学习到更多实用的数学。与此同时,教学质量优化也指教学方式别具一格,教师能够针对不同的教学内容,运用不同的教学方式将知识点呈现出来,从而帮助学生理解和掌握知识点。由此可以看出,优化初中数学教学质量至关重要。学习质量优化更是信息技术学习方式作为有效学习方式的重要目的之一,学生利用最先进的学习方式进行学习,最重要的目的还是提高学习成绩和学习效率,而信息技术学习方式恰好可以实现这一目的。

新课程理念下初中数学信息技术教学与学习有利于加速教学与学习质量的优化,主要表现为让教学内容更加符合教学的现实情况和环境。信息化素养让初中数学教师更加善于采用信息化的方式开展数学教学,信息化的教学方式能够通过图片和视频的形式,为学生更加真实地呈现具体的数学教学场景和环境,让学生在情境化教学中更加高效地掌握教学内容。与此同时,信息化教学能够为学生提供更多的学习资料,让学生自由选取自己需要的学习内容,让初中数学教学质量更上一层楼。

四、培养数学学习兴趣

新课程理念下初中数学信息技术学习的意义之四,就是培养初中生数学学习的兴趣。由于初中是学生学习的关键时期,兴趣对于学生学习初中数学具有重要意义,但传统教学方式导致学生对数学课堂学习失去探索的欲望,久而久之也会失去对数学课堂的兴趣。传统初中数学教学多是教师通过板书的形式,为学生传授新的知识,学生通过教师的板书及口述学习新的内容,教学手段较为僵化,难以激发学生的学习积极性。然而兴趣是学习的第一推动力,学生对数学活动和数学教学内容充满兴趣,数学课堂教学才能更好地发挥效果。

新课程理念下,初中数学教学与学习能够有效地培养学生的学习兴趣。具体表现为,相关的数学视频能够从视觉上让学生感受到数学活动的魅力,从而激发学生学习的热情。与此同时,信息技术能够为初中数学课堂营造良好的教学氛围和打造比较活跃的教学环境,这也能够培养学生学习数学的兴趣。将信息技术融入学生教育教学,可以将要学习的新内容,以文字、图片、声音、动画的形式,图文并茂地展现给学生,学生通过这样的学习模式,会增加对新内容学习的兴趣,激发学习的积极性。除此之外,在当今互联网飞速发展的时代,初中数学信息技术教学与学生日常生活中使用电子产品获取资源的习惯相匹配,因此,这一教学方式能够自然而然地被学生接受,并且进一步激发学生学习兴趣。

五、实现初中数学课堂教学的改革

新课程理念下初中数学信息技术学习的意义之五,就是能够实现初中数学课堂教学改革。传统初中数学课堂教学中,在教学方式的运用上,往往都是教师生搬硬套地教授基本的数学知识,学生接收填鸭式的知识灌输。在教学内容上,往往都是以教材课本和教学大纲为依据,教学内容相对比较统一。在教学目标上,通常情况下,初中数学课堂教学都是以完成每学期的考试为最重要的目的。然而,将信息技术融合到初中数学课堂教学之中,从根源上改变了原有的教学目标、教学方式和教学内容。从教学目标上看,信息技术的融入有利于让学生了解更多的数学新闻和数学知识,可以将学生打造成一个全方位的数学人才。从教学方式上而言,信息技术的融入改变了传统单向灌输的教学模式,使教学方式更加生动形象。从教学内容上而言,信息技术的融入扩宽了初中数学数学教学的范围,开阔了学生的视野。

新课程理念下,初中数学信息技术学习能够促进数学课堂教学改革。传统初中数学课堂多采取教师讲解、学生学习课本教材的形式,学生获取知识的途径比较单一,教师讲什么,学生就学习什么。将信息技术融入初中数学课堂教学,可以扩充课本知识内容,为学生开拓新的学习领域。学生在网络上获取关于该模块学习内容的观点和表达形式,会开拓学生思维。与此同时,信息技术教学与学习的方式也改变了学生对于数学学习的观念,让学生明白其实课堂并不是唯一的学习渠道,可以利用自己方便的时间通过信息化的手段进行学习,这能够在某种程度上提高学生自主学习的能力,并且满足个性化学习的需求。基于此,初中数学课堂中融入信息技术,实现了初中数学课堂教学改革。

第三节　初中数学信息技术学习中存在的问题

初中数学信息技术学习作为一种新型的教学方式,在全国各地的推广情况和推广进度表现得参差不齐。这与各地的经济发展情况和主要教学改革进度密切相关。那么,初中数学信息技术学习中究竟存在哪些问题？本节主要对初中数学教师和初中院校两个主体进行剖析和讲解。

一、数学教师本身的现实困境

1. 缺乏观念意识,重视性不足

从教师自身来讲,新课程理念下初中数学信息技术教学与学习的困境之一,就是缺乏观念意识,不了解重要性。意识对行为具有指导作用,意识是推动某一项行为的内在动力。也就是说,如果初中数学教师自身具有信息化教学培养的意识,并且能够正确认知信息化教学培养的重要性,那么教师就会寻找各种办法和途径,积极主动地进行自我信息化教学培养。相反,

如果初中数学教师缺乏信息化教学培养的意识，并且看不到信息化教学对于改善教学方法和提高自身教学能力的作用，那么通常情况下也就缺乏自我培养的动力。从现实情况来看，存在部分初中数学教师对于信息化教学观念意识不足的现状。

新课程理念下初中数学信息技术教学与学习的观念意识不足，主要表现为以下两点：首先，缺乏数学信息化教学的氛围。在初中数学教师群体中，缺乏一种教师们互相鼓励和互相督促自发提升信息化教学的氛围，教师群体讨论和研究的关注点没有定位在信息化教学培养，导致群体性意识缺乏。其次，对于信息化教学培养知之甚少。大部分初中数学教师并没有积极主动地去研究和学习相关的内容，行动上的匮乏久而久之会导致意识观念的不重视，从而形成恶性循环。

2. 信息素养匮乏，开展能力不足

从教师自身来讲，新课程理念下初中数学信息技术教学与学习的困境之二就是信息素养匮乏，开展能力不足。初中数学教师本身信息化教学的水平是开展能力的重要条件，与数学课程信息化开展能力呈正相关。也就是说，如果初中数学教师自身信息化素养水平相对比较高，并且在信息化教学方面有着丰富的理论基础和实践经验，也有不断提升自己信息化教学能力的意识和新动力，那就意味着教师能够有充足的能力去开展数学信息化教学。相反，如果数学教师自身信息化素养水平比较低，在信息化教学方面的积累不足，且缺乏理论基础，更不愿意去积极主动地提升相关方面的能力，那就意味着教师缺乏足够的能力去开展数学信息化教学。当下，从现实情况来看，初中数学教师在信息技术教学方面的开展能力不足。

新课程理念下初中数学信息技术教学与学习信息化教学匮乏，开展能力不足，主要表现为以下两点：首先，理论基础和实践经验缺乏。大多数情况下,数学教师对于信息化教学的核心概念缺乏准确的了解,难以准确地把握信息化教学应该进行哪些方面的教学实践,从而进一步导致了实践经验的匮乏。其次,操作技术不成熟。由于日常的教学活动很少应用信息化教学的手段,导致初中数学教师信息化教学操作技术不熟练,没有办法得心应手地去开展数学信息化教学。

3. 激励机制不足,缺乏考核评价

从教师自身来讲,新课程理念下初中数学信息技术教学与学习的困境之三就是激励机制不足,缺乏考核评价。初中数学教师信息化教学培养的情况如何?初中数学教师信息化教学的运用和培养对于课程教学改革取得了怎样的效果?初中数学教师信息化教学的培养整体情况是否乐观?这都需要通过具体的考核方式进行评价,这样才能更好地督促教师自身进行信息化教学的学习。如果缺乏相关的考核标准和激励机制,很多时候初中数学教师就会缺乏动力去提升自己。从当下现实情况来看,激励机制不足和缺乏考核评价已经成为影响初中数学教师信息化教学培养的重要因素。

新课程理念下初中数学信息技术教学与学习激励机制不足,缺乏考核评价,主要表现为以下两点:首先,缺乏完善的考核评价体系。当下,关于如何衡量信息化教学的结果,大部分初中并没有制定行之有效的考核评价体系,也没有形成科学完整的考核评价标准,就导致考核评价无从开展。其次,对于考核评价的结果,缺乏激励机制。通常情况下,有的初中依据相关的考核标准对数学教师的信息化教学进行了评价,但是对于评价结果却缺乏相应的激励或者惩罚机制,导致整个评价过程无效,没有办法真正地发挥考核评价的督促和监督作用。

4. 教学任务繁重,培养时间短缺

从教师自身来讲,新课程理念下初中数学信息技术教学与学习的困境

之四就是教学任务繁重,培养时间短缺。数学作为一门重要的学科,通常情况下教学任务会比较繁重,需要数学教师在短暂的一个学期之内完成大量的教学内容。除此之外,大部分情况下,一位初中数学教师所带的班级比较多,会导致教师日常教学任务比较繁重,加之除了教学任务之外的备课和作业指导等各项教学任务的叠加,使得相当大一部分初中数学教师自顾不暇,没有时间和精力去思考信息化教学培养的事情,也没有时间去专门进行自我学习和参加相关的培训。由于教师自身条件和精力的限制,数学教师难以在培养的路途上大步前进。

二、初中院校的现实困境

1. 顶层设计重视度不够

从初中院校角度出发,顶层设计重视度不够,这是新课程理念下初中数学信息技术教学与学习的现实困境之一。初中数学教师信息化教学的培养需要有足够的顶层设计去支持,顶层设计为培养活动的开展提供了强大的政策支持和方向指导。顶层设计对于信息化教学的培养,具有重要的推动作用。也就是说,如果初中院校的领导层能够开展培养的官方规划和指导,并且制定培养的蓝图和愿景,那就能让数学教师看到信息化教学未来能够带给数学教学改革和教学质量提升的现实利益,从而就能明确自身改造和能力提升的方向,在信息化教学领域内深入地学习。但是从当下现实情况来看,大部分初中数学院校缺乏宏观方向的指导,在信息化教学培养方面宣传和倡导不足,导致教师没有办法树立坚定的素养培养信念。

初中院校本身从数学教学改革规划的顶层设计方面就没有重视数学教学信息化改革,这也导致了数学教师对信息化教学方式不重视,整个学校教师群体内缺乏信息化教学改革的氛围,从而使得初中数学信息化教学缺乏动力,难以推进。

2. 制度保障完善度不足

从初中院校角度出发,制度保障完善度不足,这是新课程理念下初中数学信息技术教学与学习的现实困境之二。制度能够为信息化教学的培养提供相对比较明确的标准支撑,具备一定的威慑力,能够督促数学教师和学校本身加强信息化教学培养。这也就是说,完善的制度保障让培养活动在更加有利的条件下顺畅地开展。当下,大部分初中院校并没有制定明确的规章制度去提倡和鼓励初中数学教师加强自身信息化教学的培养,也没有出台相关文件去规范这一培养活动,导致数学教师难以提升自身能力。

基于此,从学校层面上来讲,学校并没有为初中数学信息化教学提供明确清晰的制度规定,这会导致即使有一部分数学教师想要采取信息化教学的方式,也缺乏足够的动力,从而难以坚持下去。制度是教师教学改革推进的重要支持力量。没有相关的制度,就意味着教师失去了开展教学改革的凭借和依据。

3. 培训平台支持度不力

从初中院校角度出发,培养平台支持度不力,这是新课程理念下初中数学信息技术教学与学习的现实困境之三。要想开展初中数学教师信息化教学的培养,离不开培养平台的支持。信息化教学培养平台能够为数学教师提供优质的资源和良好的环境,让数学教师有条件去提高自身的信息化教学能力。但是从当下现实情况来看,大部分初中院校信息化教学培养平台相对比较落后。这主要表现为:首先,一部分初中院校只是简单地通过教师集体大会的形式,宣讲信息化教学培养的相关文件,停留在政策的宣传层面,集体教师大会并不能算得上是真正意义的培养平台。其次,缺乏专业的培养教师和培养人员。这也就是说,即使有一部分初中院校在尝试打造专业的平台,为数学教师开展信息化教学培养,但是仍然没有专业的培养团队和培养人员去长久地支撑这一培养活动,导致培养平台难以发挥应有的作用。

　　基于此,学校没有为初中数学教师安排专业化的信息化教学培训,并且也没有划拨专项资金让初中数学教师参加社会化的培训,这也导致了初中数学教师缺乏开展信息化教学的专业知识以及核心素养。因此,即使有一部分教师尝试进行信息化教学,但是由于经验和专业化程度不够,也会出现信息化教学效果不佳的现象。

第四节　初中数学信息技术学习实践方式

一、教师本身的自我培养路径

1.加强观念重视,关注重要性

　　从教师本身来讲,加强观念重视,关注重要性,这是实现新课程理念下初中数学信息技术教学与学习的第一条路径。首先,教师要主动了解信息化教学的重要性。初中数学教师应该具备发现新事物的意识和观念,对于数学信息化教学这样比较前沿的教学领域,教师应该积极主动地去进行探索,从而逐步认识和认可信息化教学培养的重要性和对于开展信息化教学的有效促进作用。其次,数学教师要发挥榜样模范作用。当一名初中数学教师自身认可并逐步尝试开展信息化教学,就应该向其他的教师宣传和推荐培养,让其他数学教师也加入初中数学信息化教学和培养的队伍中,从而在整个初中数学教师群体内部营造一种培养的良好氛围。

　　另外,教师要开展初中数学信息化教学探讨。初中数学教师应该主动加入信息化教学的行列,与其他初中数学教师共同探讨初中数学信息化教学的重要性以及初中数学信息化教学的规划,将自己作为初中数学信息化教学推广的重要角色,并且发挥自己在初中数学信息化教学中的重要价值和位置。

基于此,任何一名初中数学教师都应该有不断改革创新的意识,主动去学习与信息化教学相关的资源,并且积极地去探索其中的奥秘,这样才能保证在潜移默化之中,树立起信息化教学的意识,让信息化教学深入自己的脑海中。

2. 提升信息素养,提高开展能力

从教师自身来讲,提升信息素养,提高开展能力,这是新课程理念下初中数学信息技术教学与学习的第二条路径。首先,初中数学教师应该在教学之余,利用各种途径去学习与信息化教学培养相关的内容,掌握和了解当下全国范围内开展的典型案例,学习和借鉴典型案例的经验,丰富自己开展的知识储备和理论基础。其次,教师应利用数学课堂开展信息化教学。实践是提升和培养的重要途径,更是检验信息化教学培养的重要依据。因此,初中数学教师应该利用日常授课的时间,通过信息化教学的方式,去开展知识的传输,在这一过程中学会如何更加高效和合理地去利用信息化的教学手段,并且不断地在课程教学实践过程中,加强信息化教学的培养和修炼。再次,初中数学教师应该开展信息技术教学交流讨论会,采用互相听课和学习的方式,共同探讨如何开展信息技术教学。在听取其他教师教学经验的时候,要主动去做听课笔记,这样既能为自己往后开展信息技术教学提供具体的指导和参考,也能为其他教师改进信息技术教学提供建议,实现相互学习和交流。

基于此,初中数学教师应该致力于提高自己信息技术教学能力,从理论积累和技能提升方面,让自己成为一名信息技术教学高手,既发挥信息技术教学榜样模范的作用,也能够提升自己的信息技术教学素养。

3. 完善激励机制,加强考核评价

从教师本身来讲,完善激励机制,加强考核评价,这是信息化教学培养的第三条实现路径。首先,专业群应该建立激励评价机制。这也就是说,每一个初中院校的数学教学专业群都应该结合学校的办学特色和专业群的建群指导,制定信息化教学培养的考核评价依据,明确考核评价的标准、考核评价的周期和考核评价的条件,从而实现信息化教学培养考核评价的制度化,发挥考核评价的监督作用。其次,应明确考核评价结果的激励机制。激励机制分为正向激励和负向激励。这也就是说,如果数学教师信息化教学培养评价的结果相对比较乐观,那么就应该给予教师一定的奖励。相反,如果评价的结果效果不佳,那么应该对教师进行一定的惩罚,在接下来的教学过程中督促教师。同时,实现激励考核评价机制的动态调整。初中数学信息化教学考核评价的现实状况在不断发生变化,这也就意味着考核评价机制应该进行动态调整。在动态调整的过程中,要保证初中数学信息化教学考核评价机制能够体现当下的现实情况,并且有一定的科学性。

基于此,通过激励考核的方式去鼓励初中数学教师开展信息化教学,这能督促初中数学教师为了实现教学目标和满足教学改革的要求,不断地去探索和实践初中数学信息化教学。与此同时,很多数学教师为了能够在信息化教学综合评价考核中得到良好的考核评价结果,也会不断地优化和改进自己的信息化教学模式。

4. 分解教学任务,留出培训时间

从教师本身来讲,分解教学任务,留出培训时间,这是新课程理念下初中数学信息技术教学与学习的第四条实现路径。首先,初中数学教师应该为自己安排充足的时间去自我学习和培养信息化教学。这就需要教师能够合理地安排自己的教学规划和分解教学任务,重新整合教学任务,为培训安

排一部分时间。其次,减少讲课的班级。每一个数学教师的时间和精力都是有限的,教师应该适当地向学校提出要求,减少自己上课的频率和所带的班级,关注自身教学能力的提升和信息化教学素养的培养。

基于此,初中数学教师应该结合各自教学课程安排的情况,合理安排出一部分时间来进行个人能力的提升和优化,避免过于繁重的教学任务导致自己被琐事缠身而忽略能力的提升。

二、初中院校的培养路径

1. 加强顶层设计,提供方向指导

从初中院校角度来讲,加强顶层设计,提供方向指导,这是新课程理念下初中数学信息技术教学与学习的第一条实现路径。首先,学校要规划和制定信息化教学培养的蓝图。针对初中数学教师这一队伍,学校要通过顶层指导的方式,为数学教师勾画出一幅信息化教学发展前景的蓝图,并承诺为教师的培养提供资金和平台的支持,鼓励数学教师积极主动地去开展信息化教学培养,让教师能够有足够的动力和信心在这条道路上前进。其次,制定信息化教学培养的规划。初中院校要结合自身的情况,并针对本校数学教师团队的现状,制定一个信息化教学培养的规划。规划中要明确培养的阶段以及周期划分、每一阶段培养的内容和培养的方式、培养的步骤和培养的平台,从而保证信息化教学培养活动能够在数学教师群体中顺利开展。

2. 完善制度保障,提供培训依据

从初中院校角度来讲,完善制度保障,提供培训依据,这是新课程理念下初中数学信息技术教学与学习的第二条实现路径。首先,学校应该制定信息化教学培养的制度。针对初中数学教师团体,通过学校红头文件或者政策的形式,通过官方的渠道公布学校关于信息化教学培养的制度,让初中数学教师在这一制度的指导下,加强自我培训和参加外部培训。其次,信息

化教学培养的制度要科学完整。这也就是说,制度中不仅要确定培养的硬性要求,并且要对培养的形式和培养的依据做明确的说明。学校在制度上的充分支持,能够让初中数学教师信息化教学的培养走上规范化的道路。

3.打造培训平台,加强后援支持

从初中院校角度来讲,打造培训平台,加强后援支持,这是新课程理念下初中数学信息技术教学与学习的第三条实现路径。首先,学校应该打造一个专门的数学教师信息化教学培训平台。也就是说,要利用这一专门的平台去开展专项的培训活动,让数学教师能够有一个专门的培训基地,从而让信息化教学培训活动成为一项任务。其次,信息化教学培训平台的建设要完善。学校不仅要为培训平台提供专门的设备支持,还要为培训平台提供专门的培训团队支持,并且要提供足够的培训资源,加强培训平台的宣传,以此提高信息化教学培训平台的影响力,让培训平台发挥最大的作用,数学教师便有了可靠的渠道去学习信息化教学的相关内容。学校可通过以下几点去开展。

首先,帮助初中数学教师树立信息技术意识,可以通过以下几点措施。第一,初中学校应该制定关于初中数学教师信息技术培训的制度,并以明文的形式明确下来,从制度上提高初中数学教师对培养信息技术素养的意识重视。第二,初中校园应该营造信息技术素养培养的氛围,为初中数学教师进行信息技术素养培养提供适宜的环境。比如,可以在初中校园内贴上大标语"让信息技术成为初中知识学习的便捷途径",让初中数学教师每日都能看到这一标语,时刻提醒自己重视信息技术素养的培养。另外,初中校园内还可以在四周的墙面上画上与信息技术相关的图案,例如,初中数学教师在利用多媒体进行授课的场景。这些图案画在初中校园的墙面上,无疑为初中校园信息化教学添上了一层梦幻的色彩,让初中数学教师时刻感受到自己身在信息技术飞速发展的时代,应该将信息技术融入日常初中数学教学中。第三,初中学校应该时常通过会议的形式,向初中数学教师传达要加强对信息技术教学重视的观念,从更加官方的角度,提高初中数学教师的重视度。例如,初中学校内部数学组在开会的时候,可以向初中数学教师进行其他学校利用信息技术进行教学的先进案例,通过案例的展示,让初中数学教师知道作为一名新时代人民教师,应该紧跟教育改革的步伐,重视将信息技术融入初中数学课堂教育教学。

其次,帮助初中数学教师提升信息技术专业知识,可以通过以下几点措施。第一,初中校园开展信息技术培训课程。初中学校应该定期对初中数学教师进行信息技术专业知识培训,培训的形式可以采取引进外部优秀教师来校园授课,也可以采取安排初中数学教师去其他初中学校进行交流学习,还可以让初中数学教师自讲自学,进行信息技术专业知识学习。制作精美的PPT及授课视频操作难度较高,初中校园需要从外部引进优秀的人才资源来进行课程的讲述,要求其不仅要教初中数学教师如何选择和寻找合适的PPT模板制作与课程内容相匹配的PPT,还需要一步步教初中数学教师如何制作PPT。第二,初中数学教师要自主学习信息技术专业知识。初中数学教师应该主动去发现自身在信息技术知识方面的不足,并积极主动寻找合适的途径去弥补。教师可以阅读一些专业的书籍,补充理论知识;也可以通过网上寻找一些资源,补充自身信息技术知识;还可以向身边优秀的初中数学教师学习,多去听其他初中数学教师的课,在课堂实景中,提升自己的信息技术专业能力。

再次,信息技术应用能力是初中数学教师信息技术素养的重要内容,需要通过多条途径加以培训。第一,可以进行初中数学教师信息技术优质课竞赛。初中校园数学组可以组织一场初中数学教师进行PPT制作的竞赛,并设置专门的主题，要求校园的所有初中数学教师都要参赛。第二，初中校园可以鼓励初中数学教师在日常教学中，利用信息技术手段，尝试各种新的教学方法。

第五节　小结

新课程背景下，在初中数学教学中开展信息化教学改革，这是每一个初中数学教师应该去关注的事情。初中数学教师应该将信息化教学改革放在课程教学改革的重要位置，从理论基础知识学习和能力提升两个方面去完善自己信息化教学的技巧和能力，以此来保证初中数学信息化教学顺利推广。初中数学教师信息化教学的培养是当务之急，也是对数学教师自身能力提升提出的新要求。初中院校要努力地为数学教师提供资源、创造机会，让初中数学教师能够尽快地追赶前沿领域，提升自己在信息化教学方面的意识，提高信息化教学的能力。

本章从初中数学信息化教学的含义、初中数学信息化教学的意义、初中数学信息化教学中存在的问题等方面，深入分析了初中数学信息化教学的现状，并且在此基础上提出了初中数学信息化教学的有效实现方式，为初中数学信息化教学指明了道路和方向，有利于推进初中数学信息化教学改革。

第二章

新课程理念下初中数学游戏化学习

第一节　初中数学游戏化学习的含义

游戏化学习(Learn through play)，又称为学习游戏化，就是采用游戏化的方式进行学习。它是比较流行的教学理论和教育实践。有些学者又称其为"玩学习"。游戏化学习主要包括数字化游戏和游戏活动两类。教师利用游戏向学习者传递特定的知识和信息。教师根据学习者对游戏的天生爱好心理和对新鲜的互动媒体的好奇心，将游戏作为与学习者沟通的平台，使信息传递的过程更加生动，从而脱离传统的单向说教模式，将互动元素引入沟通环节中，让学习者在轻松、愉快、积极的环境下进行学习，真正实现以人为本、尊重人性的教育，重视培养学生的主体性和创造性，有利于培养学生的多元智力素质。

学习和娱乐的本质是通过玩而学到东西，正是先有了兴趣再学习知识。兴趣是最好的老师，如果游戏能使人专注于一个事物的话，那么也能应用于学习。游戏化学习的表现形式主要有两种：线下和线上。线下是指学习者面对面的游戏，线上是指学习者通过虚拟的媒介不用面对面就可以开始互动的游戏。

一、初中数学游戏化教学的必要性

首先，符合教学改革的需求。在现如今的教育环境下，如果教学课堂没有进行必要的创新和改善传统的教学模式，那么就无法顺应当代社会的发展趋势，随着新课程的实施，对教学质量有着更高的要求，传统的教学观念和教学方式无法满足教学要求。因此，就需要结合当代社会的具体情况，并结合学生的发展要求来提出一项创新型的教学模式。基于游戏化视野构建初中数学课堂的教学模式，在很大程度上有助于学生培养兴趣爱好，提高学生对数学学习的热情。

其次，提高教学效率的必要性。初中数学游戏化教学的模式对于学生而言是充满乐趣的、新奇的，他们是乐于探索的。对于学生而言，游戏化的课堂和游戏化的氛围中不仅改变了传统课堂严肃的教学氛围，而且学生也能够在游戏互动中增加与其他同学的交流，互相解答学习过程中的疑问，这让学生有了更多的机会获得更多的帮助。与此同时，由于游戏化教学的方式是本着快乐教学的原则，那么学生在课堂游戏学习的过程中，也减少了学习的压力和缓解了紧张的心理，这能够帮助学生在更好的心理状态和情绪状态下参与数学课堂学习，全身心地投入具体的学习氛围。

二、初中数学游戏化教学的导向

初中数学游戏化教学要本着问题导向。游戏化教学作为初中数学一种灵活生动的教学方式，在实际意义上提高了初中数学教学的质量。但是，这并不意味着游戏化教学就是去随意地组织一场数学游戏，也并不意味着游戏组织的过程是漫无目的的。在初中数学课堂教学上，包括游戏化教学方式在内的任何数学课堂创新性教学模式，都是为了让学生学习相关的数学知识，让学生能够利用课堂学习的知识解决相关的数学问题。因此，从这个方面来看，初中数学课堂开展游戏化教学一定要设置专门的目的，而这个目的就是解决数学问题,让学生在完成数学游戏的过程中实现数学知识的积累。因此,初中数学游戏化学习的问题导向,就是初中数学开展数学游戏的根本导向。

现代教育十分注重问题在学习中的重要作用,主张引导学生结合问题开展学习,以问题驱动学习,以问题作为学习的起点与主线,同时要求教师在教学中引导学生通过问题化学习生成新问题,让学生在发现问题、提出问题、分析问题和解决问题的过程中理解和掌握知识,提升能力。为此,教师在教学中要善于创设问题情境,将问题作为知识的载体,激发学生的学习兴趣和求知欲,引导他们探究问题,寻找问题的解决方法,在交流讨论中完成新知识的建构。传统的初中数学复习往往容易使鲜活的数学知识变成固定套路的解题模式,让学生陷入无边无尽的"题海战",耗尽他们的学习动力,降低他们的学习热情。因此,在开展初中数学复习教学时,教师要善于结合数学学科的特点和具体的教学内容创设问题情境,以问题驱动学生学习,从而有效优化初中数学复习教学,提高初中数学复习教学效率。

总而言之,对于初中数学而言,游戏开展的目的就是教授数学知识和解决数学问题。因此,数学教师在组织初中数学课堂数学游戏的过程中,一定要本着问题导向的原则,让学生在具体数学游戏问题的指引下去完成游戏参与的全过程。这是保证游戏开展不偏离方向和提高游戏质量的重要条件,也是学生学习数学的有效手段和方法。

三、初中数学游戏化学习的四个原则

伴随经济社会的发展和科学技术快速进步,为了适应社会发展的需要,同时也是为了适应社会中实践、创新和合作的发展潮流,基础教育课程实施了重大变革。在初中数学教学中,教师应该摒弃传统填补式、推动式的教学模式,要立足于学生的年龄特征进行游戏化教学,在轻松、愉悦的学习氛围

中,有效地开展数学教学。游戏化教学模式符合新课程标准改革的思想和新时代初中数学教学的需要。下面,笔者结合教学实践,谈谈游戏化教学模式在数学教学中应该坚持的基本原则。

1. 教师要转变观念,转变心态

蹲下来,与学生平等对话,才能真正了解学生,才能赢得学生的信任。过去以教师为中心、以教材为核心的传统教育方式似乎已经根深蒂固。要在初中数学教学中开展科学有效的游戏化教学,首先需要教师转变观念,转变心态,虚心学习前沿的教育理念,掌握新的教育技术。教师要从意识观念上深刻认识到学习新型教学方式的重要性,这对于初中数学整体教学质量的提高和教师个人能力的提升都有重要作用。其次,教师要抛开"以教师为中心"的固有思维,从学生的角度去观察和思考,要懂得倾听学生的心声,运用学生感兴趣的方式和方法引导学生去学习和探索。教师在收集整理学生感兴趣的学习方式的时候,要观察学生日常玩耍的游戏,重点去关注哪些游戏方式是学生喜欢的方式,关注哪些学习方式是学生更加容易接受的方式,关注哪些游戏方式是课堂数学教学过程中更容易组织和高效开展的方式。转变观念指的是初中数学教师要接受改变数学严肃深刻教学模式的观念,逐步将初中数学打造成一种让学生感兴趣的游戏化学习的课程,让学生感受到初中数学学习的乐趣,站在学生的角度上为学生营造欢快的课堂学习氛围。

2. 把学习者放在"中心"位置

所有的科学研究都表明,学生是好奇的,是喜欢探究的。但为什么学生在课堂上就不爱学习了呢?因为学生是好玩的,也是好动的,规范化、标准化的课堂教学要求学生正襟危坐、洗耳恭听,压抑了学生爱玩的天性,学习效果自然大打折扣。如果教研人员和教师能够根据学生爱游戏、爱运动的天性,设计互动有趣的教育游戏,把知识融合进游戏里面,让学生自主掌控游戏的过程,在游戏闯关的过程中学习知识,学习效果必然事半而功倍。在初中数学教学中,把学习者放在中心位置,这也就意味着让学生成为游戏化学习的主导者,让学生去参与和主导游戏化学习的全过程。因此,要让学生自主参与到数学课堂游戏方案的设计中。学生只有对自己设计和参与的游戏感兴趣,并且深知游戏规则,才能更好地做游戏的主人公。

3. 教育游戏的设计要有故事性和趣味性

根据著名心理学家让·皮亚杰的认知发展理论,初中学生的思维正在从具体形象思维向抽象逻辑思维过渡。因此,课程设计要有创意,要有故事情节,才能够引起学生的学习兴趣。如果可以的话再进一步,根据学生喜爱运动的特点,把游戏和运动元素巧妙融入游戏化学习课程里面,让学生有一种沉浸感和代入感。大量的课堂实践证明,活动化、游戏化的学习方式不仅可以加深学生对知识的记忆,而且可以提高大脑的反应能力,还可以促进大脑和四肢的协调控制能力,一举而多得。

4. 创设沉浸式、情景式的学习场景

在初中数学教学中,有些知识比较抽象,学生难以理解。因此,教师要创设情景式、沉浸式的学习场景,让学生进入场景里面学习和体验,不仅能够提高学习质量和学习效率,还能拓宽学生的视野,培养学生的探索精神。在初中数学教学和学习中创设沉浸式、情景式的学习场景,这也就意味着要逐步实现初中数学生活化教学,将初中数学与具体的生活场景和现实问题相结合,让学生能够在更加真实的场景和现实生活中去发现数学问题和解决数学问题,这是保证游戏化教学实用性的重要条件。当然,如果教学的时间有限和教学的资源有限,教师也可以采用信息化教学等多种辅助性的教学手段打造与数学问题相关的情境,让学生在虚拟的场景下去解决相关的

数学问题和学习数学知识。这既是保证游戏化教学内容贴近数学问题的重要条件,也是实现数学知识生活化前移和应用的重要保证。

第二节 初中数学游戏化教学的意义

游戏化教学,顾名思义就是在游戏中进行教育教学活动。具体来讲,游戏化教学就是以实现在游戏中进行学习为目的,通过营造欢快的教学氛围,采取相对轻松活跃的教学方式,改变以往传统刻板的课堂教学模式,通过激发学生对于初中数学学习的兴趣,增加课堂互动,让学生在享受课堂学习的过程中学习学科知识。由此可见,游戏化教学具有重要意义。

一、激发学生学习兴趣

激发学生学习兴趣是新课程理念下初中数学游戏化教学的首要意义。众所周知,兴趣是学习最好的老师,初中生只有具备对数学课堂学习的兴趣和好奇心,才能在数学课堂上有满满的求知欲望和探索的动力。初中生年龄较小,大多数情况下初中生对于知识学习的动力都是出自热爱,而初中生的学习兴趣恰好是初中生学习的源泉和动力。游戏化教学法改变了初中生对于初中数学枯燥严肃的刻板印象,逐步促使初中生知道原来学习数学是一件快乐的事情,从而使得初中生对数学学习产生极大的兴趣,有利于激发初中生数学学习的积极性以及对于数学的热爱。

数学学习是一种开放性的学习,闭门造车不利于学生自身的提高。正是因为每个学生的能力不同,才更需要相互交流。很多学生在学习的过程中,尽量避免与其他学生有过多交流,担心交流会影响竞争关系。可往往自己是难以发现自身存在的问题的,如果拒绝交流,则会隐藏自己的问题,长此以往只会带来更大的麻烦。所以,学生应当敞开心扉,主动交流。游戏化教学以游戏的方式将学生从个体变成一个小组,小组成员一起通过教师设定的教学游戏获得奖励,以此来培养学生的数学兴趣。例如,在"二元一次方程"这一课,学生间相互交流与学习,就激发了学生的兴趣。这一节主要讲解的是方程的应用和转化,简单来说考查的就是学生对整理方程式的理解。这一节内容偏向理论化,学生的认知没有什么问题,但认知与理解间仍然存在着差异。每个学生的理解不尽相同,所以教师可以让学生相互交流讨论,结合不同的看法得出自己的结论。这种方式激发了学生的数学兴趣,培养了数学学习能力。

基于此,初中数学教师应该重点从学生感兴趣的游戏化方式出发,结合班级整体情况,开展适合班级情况的初中数学课堂游戏化教学模式。这既能让游戏化教学融入初中数学课堂中,也能比较高效率地激发学生的学习兴趣,让学生带着满满的求知欲望和欢快愉悦的心情去探索数学的奥秘。

二、活跃课堂教学氛围

活跃课堂教学氛围是新课程理念下初中数学游戏化教学的第二个意义。课堂教学氛围决定了课堂教学的基本面貌,代表一节课的基本教学模式。课堂教学氛围越是轻松活跃,越是能够带动班级里的学生参与到初中数学的教学活动中;课堂教学氛围越是死板,就越会打击学生学习的积极性和影响学生的课堂参与度。因此,活跃课堂教学氛围就是初中数学教学的一项重要任务,而游戏化教学法恰好可以实现这一目标。游戏化教学法通过为初中生营造相对比较轻松的学习氛围,让班级内的全体学生都能够比较放松地参与到学习活动之中,实现数学教师和学生之间的双向互动,从而进一步推动双向交流课堂的建设。

基于此,为了更好地发挥游戏化教学活跃初中数学课堂教学氛围的作用,教师应该重点关注游戏化教学的过程。在组织游戏化教学的过程中,引导班级内所有的学生全身心地投入游戏环节,并且教师也应该掌控游戏的节奏,让数学课堂游戏化的氛围被烘托起来。

三、提高课堂教学质量

提高课堂教学质量是新课程理念下初中数学游戏化教学的第三个意义。课堂教学的质量决定了课堂教学的最终效果以及学生在课堂上对于知识的理解和吸收程度。课堂教学质量越高,越是代表初中生在课堂上学习效率高。因此,提高初中数学课堂教学质量至关重要,而游戏化教学法是提高初中数学课堂教学质量的关键举措。游戏化教学法通过采取多样化的教学方式,将不同的教学内容以不同的方式呈现给初中生,有利于初中生理解课堂教学内容,同时也实现了教学方式的改革,促进了教学方式与教学内容的匹配,有助于提高课堂教学质量和课堂教学效果。

在游戏的过程中,学生不仅可以体会到竞争的快乐,也能在潜移默化中学习到数学知识,这极大地优化了课堂的教学质量。例如,在教授"不等式与不等式组"这一节内容的时候,教师将课堂涉及的知识点详尽地讲解后,根据学生的接受程度分层布置任务。数学中的题目有基础与进阶之分,学生只有充分理解掌握基础题型之后,才可以练习进阶题型。如果学生的基础不牢就开始涉及进阶知识,一是会出现很多错误,增加学习上的负担,二是会影响学生的心态。所以数学学习需要循序渐进,一步一个脚印。分层布置任务将处于基础与提升阶段的学生区分开来,让其各自攻克适合自己的难题,这样能够很好地提高学生在课堂上的效率。

基于此,初中数学教师为了能够更高效率地开发游戏教学的价值,应该本着问题导向的原则去开展初中数学课堂游戏化教学,让学生有目的、有规划地去参与初中数学课堂游戏的过程。这是保障整个教学过程按照既定的目的和方向进行的重要条件,也能最大限度地避免游戏教学偏离航线,让学生真正做到边做游戏、边学习、边解决问题。

四、落实以人为本教学

有利于落实以人为本教学,这是新课程理念下初中数学游戏化教学的第四个意义。教育以人为本的核心在于尊重人的主体地位,尊重人的个性发展和兴趣特征,在兼顾每个人个性的基础上,保证每个人得到健康快乐成长。初中生活泼好动、好奇心强,且喜欢做游戏,也善于在游戏中表现和展现自己,而初中数学游戏教学恰好符合初中生爱游戏的天性,这是从人性发展的角度上,实现了初中数学教学的以人为本的目的。与此同时,初中数学课堂游戏化教学也是对传统课堂教师主导教学模式的颠覆,更加关注数学教师与初中生关系之中学生的价值和地位,更加关注学生对初中课堂的参与,也更加强调学生去主导和改进课堂教学。这是对以人为本教学理念的深刻体现和践行。

以人为本的教学理念强调关注学生的个人诉求还有个人学习过程中的体验,为学生提供轻松愉悦的数学课堂学习体验,让学生在课堂中感受到数学学习的乐趣,这是践行以人为本教学理念的重要表现。因此,采用学生更加喜欢的数学课堂游戏学习方式,采用能够增加学生学习愉悦程度的游戏教学模式,采用让学生能够增加交流沟通和降低学习难度的游戏教学模式,这是游戏化教学贯彻以人为本教学理念的核心要点。

五、提高数学学习效率

有利于提高数学学习效率是新课程理念下初中数学游戏化教学的第五个意义。效率能否提高在于教师授课方式是否新颖和具有吸引力,教师授课内容是否简单明了,学生注意力是否专注以及学生是否感兴趣。教师授课内容越是简单明了,授课方式越是生动有趣,学生的注意力就越是集中,从而学习效率会得到提高。在初中数学教学中开展游戏教学,这是对传统数学教学模式的改革。初中生在丰富多彩的游戏形式中学习数学,其好奇心和学习欲望得到了极大程度的激发,由此会不断地去探索学习奥秘。

基于此,初中数学课堂游戏化教学,能够让学生在多姿多彩的游戏环节中去跟其他同学交流学习疑问,共同去解决学习中遇到的问题。在这一过程中,学生得到了来自教师和同组其他游戏伙伴的指导和帮助,这能让学生减少学习过程中产生的疑问,减少学生对于课堂数学学习知识理解的障碍。与此同时,在游戏的氛围下,众多数学问题就像一个个小的障碍,学生在完成游戏欲望的激发下,很多时候潜力也会被挖掘,这有助于提高学生的理解能力和问题解决能力。因此,游戏化教学的模式将初中数学课堂教学的效果和教学的质量提了一个新的高度,学生对于知识的理解更加透彻。

六、营造良好师生关系

有利于营造良好师生关系是新课程理念下初中数学游戏化教学的第六个意义。初中数学游戏教学通过游戏化的模式增加了初中数学教师与学生之间的交流和沟通,拉近了初中数学教师和学生之间的关系,使得师生之间的亲密程度增加,师生之间逐步由师生关系转变为游戏伙伴和朋友关系。

为了更好地营造良好的师生关系,教师要让更多的学生参与到游戏活动中。学生是学习的主体,教师要尽可能保证班级不同学习状态的学生都能参与进来。不同学生的参与会有不同的学习状态,会给教师带来不同的反馈信息。在传统的数学教学课堂中,教师采取的是问与答模式,一方面由于数学本身具有一些难度,另一方面由于学生害羞或者害怕回答不上来就不敢回答,参与度自然就不高,这也导致了很多学生从上了初一开始数学跟不上,偏科很严重。游戏化教学从学生的实际出发,教师精心设计符合学生年龄特点以及心理特点的、满足学生多层次需求的、不同规模的、形式多样的、节奏多变的教学活动,让每位学生在力所能及范围内能够饶有兴致地、目标明确地参与到数学课堂教学中来,并最大限度地获得体验,享受成功的喜悦。

例如,在教授"二元一次方程组"这一节内容的时候,小组教学的模式就很大程度上提高了学生的合作学习能力。教师通过提问的方式提高学生的注意力,这样学生的注意力不至于太过分散,他们能够更加及时地接收到课堂上的信息。教师在教学的时候,将教学任务下达至小组,小组成员共同商量讨论来解决问题,最终以小组的形式在班级中展示。小组教学中,小组内的每一个成员都不是孤立的,而是紧密联系在一起的。每个成员都在致力于小组任务的解决,一起合作探讨问题,这一过程能够提高学生在课堂上的参与度。

基于此,在初中数学课堂上开展游戏化教学模式,能够营造良好的师生关系。在参与游戏的过程中,教师和学生共同想办法解决游戏中遇到的问题,拉近彼此之间的关系,逐步建立起教师和学生之间的信任,让学生更愿意去向教师反映自己学习中的困难,教师也能够在此基础上了解每一个学生的情况,从而能够制定更好的游戏化教学开展模式。

七、数学游戏有助于启发学生的思维,使学生深刻地理解数学的精神

众所周知,数学游戏对于开拓学生的思维发挥着重大的作用。许多教师反映,在课堂教学中进行数学游戏是一个比较复杂的教学方式,与传统的教学方法相比需要耗费大量的精力,但是数学游戏对于课堂教学的作用非常显著。因此,数学教师必须放开思路,打破常规,从一个新的角度去考虑游戏的开展方式和实施过程。进行数学游戏过程中教师要注重发挥自己的引导作用和学生的主体作用,最大限度地发挥数学游戏对于开拓学生思维的作用,不断培养学生的创造性思维能力。

第三节　初中数学游戏化学习中存在的问题

在初中数学教学中开展游戏化教学是一种比较理想的教学状态，但是这并不意味着游戏化教学的开展就能被顺利地推进。这主要是由于初中数学教学面临着许多现实的问题，这些问题影响着游戏化教学的开展和推进，并且在某种程度上增加了游戏化教学开展的难度。那么初中数学游戏化教学究竟面临着哪些问题呢？本节对此进行重点探讨。

一、教学内容过多，游戏化开展缺乏时间

教学内容过多，游戏化教学开展缺乏时间，这是初中数学游戏化学习中存在的第一个问题。初中阶段，数学学习和教学的任务比较重，这给教师带来了比较沉重的教学压力。与此同时，由于初中阶段是小学到高中阶段的过渡时期，初中数学教师不仅要完成繁杂的教学任务，而且要帮助学生进行三年的知识复习和巩固，留出至少半年的时间让学生复习中考的知识。这就意味着初中阶段的数学教学面临着教学任务和中考备考两个重大任务。在这两个必须要完成的任务的压力下，初中数学教师通常情况下都会选择采取传统教学模式进行教学，在最短的时间内完成教学任务，保证教学计划按时进行。而初中数学游戏化教学需要的时间会比较多，这会使得初中数学教师只是偶尔采取游戏化教学的方式，而不能将游戏化教学作为一种常态进行开展。大多数情况下，在一个班级中的学生人数大部分都在四十人上下，而教师只有一人，因此教师在进行授课时大多会为了保证课堂效率而应用一些较为稳妥的教学方法，在保证课堂内容的教授的同时也使得课堂内的气氛过于枯燥，学生们很难提起兴趣，哪怕教师在课堂上讲得再激情四射也无法使得学生们产生共鸣。

基于此，由于初中数学教学任务的繁重和庞大，这从客观现实原因上制约了初中数学教师开展游戏化教学的行动，让初中数学教师对游戏化教学

望而却步,从而导致初中数学游戏化教学推进进度慢和普及范围受到限制。

二、教学内容复杂,组织数学游戏存在困难

教学内容复杂,组织数学游戏存在困难,这是初中数学游戏化教学中存在的第二个问题。初中数学课堂教学中,数学游戏应根据课堂教学内容设置。无论是数学游戏设计的目的还是数学游戏开展的方案,都应该以数学内容和数学知识为核心,重点是为了能够在数学游戏过程中完成数学课堂教学任务,帮助学生加深对于数学知识的理解和运用。但是由于初中数学教学内容存在一定的难度,并且有一些数学知识对学生逻辑思维能力考验较大,需要去展示计算过程和运用逻辑推理的方式,帮助学生掌握具体的原理。因此,利用游戏化的方式开展相关内容的教学时,如果想让游戏的形式与这些难度比较大的数学教学内容相结合,这对游戏组织的形式和数学游戏组织的过程提出了极大的考验,增加了初中数学课堂游戏教学组织的困难。

三、传统教学模式根深蒂固,游戏教学观念转换难

传统教学模式根深蒂固,游戏教学观念转换难,这是初中数学课堂游戏教学的第三个问题。传统的初中教学普遍采用填鸭式教学,这种教学模式也称注入式。顾名思义,就是将知识一点点注入学生的大脑当中。初中数学教师通常以自身的主观意识为出发点,倚靠自身的教学经验,对学生进行知识的灌输,这种方法不利于学生主动思考,更不利于学生对数学知识的学习,导致学生学习效率低下。这种初中数学教学严重抑制了学生思维的发展,与培养学生发散式思维品质的教学目的背道而驰。教师填鸭式的教学已经成了常态,学生也乐于作为知识的被动接受者去参与数学课堂学习,游戏化教学就自然而然地被忽略。

四、学生思维散漫,游戏化教学缺乏学生配合

学生思维散漫,游戏化教学缺乏学生配合,这是初中数学课堂游戏化教学的第四个问题。在初中数学课堂上,学生们普遍有不愿思索、思维懒散等现象。还有另一种现象时常发生,学生们惧怕教师的威严,上课"一丝不苟",但没有对教师所教的数学知识进行消化和吸收,仅仅停留在学习的表面工作上。衡量一个学生优秀与否,不一定要靠成绩进行判断。听话、懂事、死读书、读死书的学生就一定是好学生吗?这种学生在思维上普遍存在散漫的特性,他们对学习是厌倦的、缺乏信心的,从而导致在课堂上的学习效率并不高。中学阶段正是培养学生逻辑思维的重要时期,需要教师在课堂教学上真正调动学生们的学习兴趣,使学生对所学的知识融会贯通,从而促进学生自身的综合性发展。

基于此,由于初中阶段的学生对数学学习的心理畏惧以及对初中数学教师刻板的印象,导致学生很难全身心地投入游戏化教学的氛围中。学生在参与游戏的过程中,总是很难全部投入,积极性也很难被彻底地激发,这影响了游戏化教学的效果,很多时候导致数学课堂游戏化教学流于形式。

五、缺乏游戏化的学习环境

缺乏游戏化的学习环境是初中数学课堂游戏化教学的第五个问题。初中课程的实施应以游戏为基本活动,让初中生在游戏中获得切身的体验,享受课程带来的乐趣。要实现上述目标,就需要学校为实施和构建游戏化课程提供相应的条件,创设游戏化的环境。但是通过调查研究,结合教学实践进行分析后,我们发现在初中课程的时间安排、游戏设施等各个方面,都不足以有效推进游戏化课程的构建与实施,无法有效开展游戏化教学活动。因此,现在的初中数学课程的实施环境直接影响了游戏与课程的整合。在传统的初中数学课程实施过程中,教师常常提前预设五大领域课程的组织

与实施过程、课程的具体结构,并且以知识传递为主,重视教师的教,忽视了初中生的自主学习。也就是说,教师教学的过程是为了完成预设的教学任务,让初中生被动地接受已有的知识与经验,同时教师对初中生的评价标准比较单一。这种陈旧的思想观念和老化的教学思维,无法满足新时期初中生教育的需求,并对课程游戏化背景下的初中数学教育改革产生了不利影响。

基于此,在长期的教学实践中,由于整个初中阶段的教学缺乏游戏化教学的环境和氛围,导致游戏化教学推进困难重重。并且各个初中也都是以最终学生考试的成绩作为教师教学成果的重要指标进行考核。教师的教学方式并没有纳入到教学能力考核的范围,这也导致了初中数学教师对开展游戏化教学缺乏动力。

六、教师缺乏驾驭游戏化教学活动的能力

教师缺乏教育游戏化教学活动的能力,这是初中数学课堂游戏化教学存在的第六个问题。很多教师积累了实施传统课程的教育教学经验,但是却没有能力组织与实施游戏化教学活动。虽然教师为游戏活动的开展提供了充足的时间与空间,但是由于初中生年龄较小,仍然需要教师加强引导并给予积极的回应。开展游戏化教学,需要教师有较强的应变能力、设计游戏活动的能力。但是很多人缺乏相关经验,无法使游戏真正融合到课程之中,不能提高课程实施的质量。如有些教师不知道怎样在环境中融入游戏元素,不知道怎样将游戏与课程内容进行有机整合;有的教师不善于在教学的各个环节中提取游戏化教育的契机,等等。教师缺乏相关的教育教学技能,影响了游戏化课程的构建与实施。

基于此,初中数学教师缺少开展初中数学游戏化教学的经验,并且也很少在闲暇的时间去学习游戏化相关的理论。这导致初中数学课堂游戏化教

学缺乏理论基础知识和实操能力的支撑,数学教师本身难以驾驭游戏化教学的高效率开展。

第四节　初中数学游戏化学习实践方式

一、营造游戏氛围,激发游戏兴趣

营造游戏氛围,激发游戏兴趣,这是新课程理念下初中数学游戏化教学的第一条路径。爱因斯坦曾经说:"兴趣是学习最好的老师。"这说明了兴趣能够为学生提供充足的学习动力。而我国著名的诺贝尔奖获得者杨振宁也曾说:"成功的秘诀在于兴趣。"这进一步说明了兴趣是引导孩子走向成功的重要推动力。因此,在数学教学之中,激发初中生数学学习的兴趣至关重要。在初中数学课堂之上,通过营造游戏氛围,可以激发初中生参与数学游戏活动、学习初中数学的兴趣,恰好能够实现这一目标。

二、创设游戏情景,带动游戏节奏

创设游戏情景,带动游戏节奏,这是新课程理念下初中数学游戏化教学的第二条路径。情景教学的重要优势,就是在于能够创造与初中数学课堂教学内容相关的教学情境,让初中生投入到相对逼真的情景教学之中,以此紧跟学习节奏,提高学习效率。初中数学游戏化教学过程中,游戏化开展的效果如何,关键在于教师能否有效地带动游戏节奏。因此,初中数学教师可以通过创设游戏情景,全面带动初中数学游戏化教学的节奏。

情景教学的核心要义在于,结合课堂教学内容,为初中生营造与课堂教学内容相匹配的教学环境和教学氛围,让初中生能够在相对逼真的学习环境中,学习初中数学的相关知识点,有利于让初中生明白原来数学和生活息息相关。例如,当为学生讲解"植树"相关的知识点,为了让初中生能够更加清晰地明白"棵树＝段数＋1"这一数学规律和公式,初中数学教师可以通过多媒体播放图片的形式,为初中生真实地去展示这一个数学规律和公式。图片内容主要是在一段长达 100 米的公路两旁,每隔 10 米要种植一棵树,按照整除的规律来讲,100 米由 10 个 10 米组成,但最终能种植 11 棵树,这主要是由于植树是要在一段路的首和尾都要种植一棵树。因此才有了"棵数 = 段数 +1"这一个种树的规律公式。如果简单地通过口头讲述的方式,初中生通过脑海里的想象很难深入地理解这一公式,通过多媒体播放图片的形式,初中数学教师将这一个真实的种树场景呈现在初中生面前,有利于帮助初中生深入理解和掌握植树的规律。

三、组织游戏开展,参与游戏过程

组织游戏开展,参与游戏过程,这是新课程理念下初中数学游戏化教学的第三条路径。初中数学教师需要发挥引领作用,带领全体初中生参与到初中数学游戏教学活动之中。这需要初中数学教师分阶段地去推动数学游戏教学活动的开展,保证数学游戏教学活动能够有条不紊地进行。数学游戏教学活动的过程是开展游戏化教学的核心,只有全体初中生高效地参与到数学游戏教学活动之中,才算是真正实现了数学游戏化教学的目的。

1. 确定游戏目标,制定游戏任务

组织游戏开展,参与游戏过程,首先要确定游戏任务及游戏目标。游戏目标是一个游戏最终所要达到的成果和获得的结果。在游戏目标和游戏任务的指导下,学生作为游戏的参与群体会不断克服重重困难去完一个个游戏任务,希望获得游戏的最终胜利,因此在初中数学游戏教学中,通过确定游戏目标制定游戏任务对于整个游戏教学具有极大的意义和作用。

确定游戏目标和制定游戏任务可以通过以下方式来实现。数学教师根据本节课的数学学习内容,确定本节课的游戏目标并将游戏目标拆分成一个个游戏任务,带领学生去完成,例如,本节课的学习内容是与水果相关的英文单词,那么数学教师可以确定本节课的游戏目标是在课堂 45 分钟时间内完成单元知识网络构建和总结,进行单元重难点总结。为了完成这一目标,第一个任务便是教师带领学生整体回顾本单元基本知识点,帮助学生梳理单元学习内容,让学生能够从整体上回顾阶段时间内学习的知识。第二个任务是教师重点剖析单元中难点,帮助学生整体上进行拔高巩固训练。第三个任务便是学生以小组的方式或者个人独立的方式等,完成单元知识网络结构搭建。

基于此,在初中数学课堂教学中确定游戏目标,可以帮助初中生将课程学习内容具体化和阶段化,也让初中生在游戏要求的推动下高效完成了任务。

2. 规划游戏方案,明晰游戏规则

组织游戏开展,参与游戏过程,其次要规划游戏方案,明晰游戏规则。游戏方案是游戏开展的详细计划,确定了游戏开展的形式、游戏开展的模式、游戏的具体内容、游戏的目标、游戏的任务、游戏的时长,确定了整个游戏的开展方向。符合实际状况的切实可行的游戏方案对于推进整个游戏的进程和保证游戏的顺利进行,具有至关重要的作用。相反,如果游戏方案不科学且不能激发初中生的游戏兴趣,初中数学游戏教学很难取得想要的效果,游戏规则确定了游戏开展的依据和标准,在游戏规则的指导下,每个初中生都知道该游戏模式下可以做的事情和不可以做的事情,例如哪些行为是犯规行为,即使取得了最终的胜利,在犯规行为下该结果也会被否认。

规划游戏方案、明晰游戏规则,可以通过以下方式来实现。首先,初中数学教师在确定游戏方案的时候要征求班级内所有学生的意见,保证游戏方案可以落地实操,同时也能被学生接受。比如初中数学教师可以安排建立的初中数学学习小组进行集体讨论,在此基础上商量出一个喜欢的游戏

方案,通过班级集体投票的形式选出最受欢迎的游戏方案,将这一游戏方案作为本次游戏活动开展的方案依据。其次,初中数学教师在制定游戏规则的时候一定要明确和严格。严格的游戏规则能够保证游戏在允许的范围内进行,并且保证数学游戏高效地开展。

3. 跟踪游戏过程,把控游戏方向

组织游戏开展,参与游戏过程,第三步便是跟踪游戏过程,把控游戏方向。游戏目标的设定和游戏方案的制定总是理想化的,在游戏的执行过程中总是会出现各种各样的问题。这些问题是无法在方案制定和目标确定的时候预料到的。因此初中数学教师在开展游戏教学的时候,要跟踪游戏开展的进度,发现游戏开展过程中存在的问题,以便对学生出现的问题进行及时的指导,保证游戏的顺利进行。

4. 总结游戏结果,回顾游戏收获

组织游戏开展,参与游戏过程,第四步是总结游戏结果,回顾游戏收获。开展初中数学游戏教学并不只是单纯为了在数学课上去做游戏,而是为了利用游戏化的教学方式,让初中生边做游戏边学习,在玩游戏的同时完成课堂内容的学习,因此总结游戏结果、回顾游戏收获至关重要。总结回顾的过程能帮助初中生通过反思的形式,巩固本节课学习的内容,提高学习效率。

总结游戏结果,回顾游戏收获,可以通过以下方式来进行:首先,在游戏活动结束之后,初中数学教师应带领全体同学总结一下本次游戏任务和目标,帮助全体同学确认是否完成个人任务和团结任务。例如,在本次初中数学单元知识网络体系搭建中,你是否积极为小组梳理了某一模块的知识网络,是否帮助小组完成整体单元知识网络架构等。其次,初中数学教师应该带领初中生去体会数学游戏的收获。游戏活动的收获是多方面,例如知识学习方面,学生多掌握了几个数学公式,进一步培养逻辑思维能力;个人能

力成长方面,学生学会了与其他同学进行交流沟通,学会了安排游戏小组游戏方案等,都可以作为个人努力成长的收获。

四、活化游戏方式,安排比赛教学

活化游戏方式,安排比赛教学,这是新课程理念下初中数学游戏化教学的第四条路径。比赛化教学的核心要义,在于通过为学生安排数学竞赛,让学生依据竞赛的规则,完成具体的数学任务和数学难题,实现在数学竞赛之中帮助学生掌握数学知识的目的。例如,初中数学教师可以安排阅读数学竞赛或者数学小考,结合本月内学习的数学知识点,为初中生举办一场数学竞赛。竞赛可以通过试卷的方式,也可以通过现场抢答或者时间的方式去进行。在数学竞赛中,竞赛的试题可以包含单选题、多选题、判断题、选择题和应用题等多种类型。而最终在竞赛之中获得最多分数的学生,将会获得胜利。根据最终竞赛的结果,初中数学教师要公布名次,对排名前三的学生给予奖励和表扬,从而给足初中生鼓励和自信,让初中生对数学学习充满热情和自信。当然,初中数学比赛教学也不能只是局限于鼓励和表扬获得名次的学生,还应该对在比赛中取得进步的学生给予嘉奖,让这部分初中生能够再接再厉,争取能够在下次比赛中获得更加好的名次。基于此,初中数学教学过程中,通过开展比赛的方式,能让初中生在激烈的竞赛中体会到数学学习的快乐。

五、将数学游戏引入课堂导入

在教学中,我们往往会占用一点课堂时间甚至是一堂课的时间,讲述即将学习的知识的特性。因此,在教学实践中,我们可以将数学游戏引入课堂导入中。下面我们就以七巧板游戏为例。七巧板是一种古老的中国传统智力玩具,是运用分割和拼补的方法,根据有相同组成成分的平面图形等积的原理研究并创造出来的。七巧板作为一种平面拼图游戏,可以增强学生的注意力,提高识别图形的能力,因此它可作为平面图形这节课的课堂导入。

第五节　小结

总之,游戏化教学是对传统教学的改革和创新。游戏化教学秉承的主要理念就是吸引学生的学习兴趣,使整个数学课堂变得更有趣味性,以此来让学生融入这种快乐的学习氛围之中,从而促使他们能够更加向往这种学习模式,使学生将这种对数学课堂的向往,转化成自己对数学的学习兴趣。游戏化教学作为众多新型教学方式其中的一种,它能够在数学教学中脱颖而出,是因为它不仅能够保持整体学生在课堂中的专注力,也能够培养学生长期学习数学的兴趣,以及激发他们的求知欲望。而这种教学效果是每位教师理想中的教学状态,因此教师非常有必要在数学课程的讲解过程中使用游戏化教学。将游戏运用到初中教学中去,可以最大化激发学生的学习兴趣,提高学习效率,提升学习成绩,这也是缓解师生关系的一大契机。当然,游戏化教学始终只是一种教学模式,教师要控制好教学时的游戏时间和游戏过程,不能舍本逐末,只有这样才能真正提高教学和学生学习的效率。

第三章

新课程理念下初中数学
小组合作学习

第一节　初中数学小组合作学习的含义

小组合作学习是许多国家普遍采用的一种富有创意的教学理论与方略，其实效显著，被人们誉为近几十年最重要和最成功的教学改革。各国的小组合作学习在其具体形式和名称上不甚一致，如欧美国家叫"合作学习"。新课程标准倡导"合作"这一学习方式，具有极强的针对性。因为合作学习能让学生在独立探索的基础上，交换彼此的独立见解，展示个性思维的方法与过程，在交流中反思，使自己的见解更加丰富和全面。同时，学生在合作式的民主互动的和谐氛围内进行学习，有利于创新思维和实践能力的养成。

小组合作学习是在班级授课制背景下的一种教学方式，即在承认课堂教学为基本教学组织形式的前提下，以学生学习小组为重要的推动力，教师通过指导小组成员展开合作，形成"组内成员合作，组间成员竞争"的学习模式，发挥群体的积极功能，提高个体的学习动力和能力，达到完成特定教学任务的目的。综合来看，小组合作学习就是以合作学习小组为基本形式，系统利用教学中动态因素之间的互动，促进学生的学习，以团体的成绩为评价标准,共同达成教学目标的教学组织形式。

小组合作学习,顾名思义是一种以小组为单位的合作性学习,小组的作用能否充分发挥,合作的手段能否充分运用,这是体现小组合作学习是否真正有效的两个关键性问题,而且更为重要的是小组合作学习的研究不仅仅是推广和应用一种教学研究的手段和方法,它真正的内在意义是培养学生的合作精神、合作能力,这正是学生需要培养的社会能力的一个重要的方面。

一、小组合作学习的原则

合作学习小组的构成对合作学习的成败起到至关重要的作用,结构合理的分组是合作学习取得成功的前提。因此,教师应重视合作学习小组的分组问题。分组一般要遵循以下原则:

(1)依学生特质分组。

(2)分组要合理搭配学优生和学困生,如果是四人合作小组,一般以一个学优生,一个学困生和两个中等生为主要构成原则。

(3)教师要注意观察,了解学生。

(4)教师要动态化变更小组成员,让小组内有活泼的合作学习气氛。

二、小组合作学习的规则

教师要阐明小组的特殊意义,让学生明晰自己在小组内的职责——为整个小组的成功贡献力量;让他们明晰如果小组内有一人掉队,将会影响整个小组的成绩。

教师要给每个小组下达任务,分配工作。小组内设小组长,主要职责是对本组成员进行分工,组织成员有序地开展讨论交流。小组长可以轮换制,使每位学生得到全面发展。

教师要对学生进行合作技能的教授和训练。现在大多数学生是独生子女,教师要不断教他们学会尊重、接受别人的不同意见,学会在合作中进行关系的协调,能取长补短,相互理解,彼此支持。除此之外,教师必须培养学生良好的合作学习习惯:

（1）独立思考的习惯,以避免"人云亦云"、盲目从众的现象。

（2）积极参与,踊跃发言的习惯。

（3）认真倾听的习惯。

（4）遵守课堂纪律和合作学习规则的习惯。

三、初中数学小组合作学习的步骤

1. 组建合作小组

小组是学生进行合作学习的前提。因此,教师首先要精心地建立合作小组,为学生提供合作探究的舞台。尽管在当前的初中数学教学活动中,一些教师也会使用小组形式,但是其划分的小组是以学生的座位排列为主的。在应试教育背景下,受班级授课的影响,一些班级在安排座位的时候,一般是以学生的学习成绩为标准。可以看到,在一个班级中,学优生坐在前排,中等生坐在中间位置,学困生则坐在教室最后,直接以前后桌为小组。如此分组,学优生之间可以进行积极的互动,中等生中有部分学生会参与小组活动,而学困生直接在小组中谈天说地,根本没有对数学问题进行探究。长此以往,学生之间的差距会越来越大,不利于学生的有效发展。笔者在组织初中数学教学活动的时候,充分尊重学生的主体性,尤其尊重学生的个性差异,不会因为学生学习成绩将其划分为三六九等,而是在平等原则的指导下,根据学生的个性差异,将其划分为不同的层级,接着在同组异质的原则指导下,将不同层级的学生纳入到一个小组中,以此保证各个小组中既有学困生、中等生,又有学优生,从而发挥学优生的作用,对中等生和学困生进行监督和指导,实现共同进步。

教学是由教师的教和学生的学组成的一种双边活动,二者相辅相成、缺一不可,加之初中数学具有一定的抽象性与逻辑性,需要师生以及生生之间相互交流、切磋以及讨论。在这一过程中,教师不仅是"编剧"也是"导演",学生不仅是"主演"也是课堂的主人。这就要求教师在合作探究教学中高度重视学生之间的个体差异和认知能力的差异。通过认真分析了解不同群体学生的认知水平以及技能水平,将其进行合理的分组。通常而言,每一小组的成员四至六人最佳,分组时不仅需要考虑学生之间的个体差异,还需要关注学生的兴趣爱好、个性特点,确保每一小组的优生与差生比例相当,平均实力相差不大。在小组的分配过程中,教师也应当挑选出每一小组的组长与记录员,让每一位小组成员都有机会担任小组长以及其他职位,让其更加积极主动地投入到课堂教学中,以此加强师生、生生之间的沟通互动,并碰撞出思维的火花,达到培养学生创新能力与实践能力的目的。

2. 布置合作任务

小组合作学习以学生之间的合作探究为主,而学生合作探究是以合作学习任务为前提的。在传统的初中数学教学活动中,之所以教学质量低下,是因为学生在被动接受知识的过程中,受思维能力的限制,无法建立对数学知识的深刻理解,造成该情况的主要原因是学生没有发挥其自主性。所以,在小组合作的过程中,我们应当给予学生自主探究数学的机会,使其在集思广益的过程中积极探究。因此,笔者在组织初中数学教学的时候,会结合教学内容,立足学生的最近发展区,为其精心地设计合作任务,以任务引发学生的探究兴趣,从而使其在小组中展开激烈的交流,在语言交际中实现思维碰撞,开发数学思维。

数学学习过程中光有探究欲望是远远不够的,还需要长期的实践训练。因此,在成功调动起学生的学习兴趣与探究欲望后,教师需要进一步制定相关的学习任务,引导学生进行相关的合作探究学习,让其能够有针对性、有目的性地进行学习,而不是漫无目的、无所事事。具体而言,首先教师需要对本次课的教学内容有一个深入的分析与研究,明确教学重点与教学难点,并结合学生的学习实际设计难易适度的教学任务,以确保合作探究学习的顺利进行,让每位学生都能够参与其中,并在自主学习、合作探究过程中发挥自己的长处,展示自己的才华;其次,教师应当确保教学内容、目标与教学任务之间的对应关系,确保通过教学任务的完成能够将教学内容进行落实,并完成相应的教学目标;最后,引入教学任务需要恰到好处,既要符合初中学科的特点,又要符合学生的学习实际与身心发展规律。例如,在教授"认识三角形"一节时,主要内容在于让学生对于三角形的概念、特征以及性质有一个认识。基于此,教师就可以小组为单位设置学习任务:对校园进行一个全面的探究,找出三角形与四边形并统计其数量,并对这些图形的外形特征进行大致的描述,用时最短、描述最恰当的小组有机会赢取奖励。

3. 班级合作讨论

在班级授课制下,班级中的讨论是不可或缺的。在小组合作讨论的过程中,学生通过不同的方法探索到了不同的内容或相同的内容,那么,其所探索的内容是否正确呢?所使用的方法是否正确呢?则需要在班级中展开合作交流了。在此次交流的过程中,笔者会鼓励中等生将本组的探究过程、使用的方法、所探究到的内容做出详细的说明。其他小组的学生在倾听的过程中提出问题,而学优生则发挥其自身的能力,对这些问题进行解答。当学优生无法解决此问题的时候,笔者则会给予点拨,从而使其意识到本组探究的不足,继续进行深入探究。

四、初中数学小组合作学习中教师的角色

我们经常看到,当学生进行小组合作学习时,教师就松了一口气,似乎

这是课堂中得以放松、休息的机会,只要做一个纪律维持者就可以了。此情况出现的原因是教师没有正确把握好自己的角色,没有做好学生学习的促进者和共同学习的合作者,从而降低了合作学习的效率和质量。在合作学习过程中,教师要担当好以下几个角色。

1. 合作学习的调控者和促进者

在合作学习过程中,教师必须仔细观察各组成员的合作情况,及时发现小组合作过程中出现的问题,并采取一定的调控措施。如学生对小组的任务还不清楚时,教师要及时向学生说明任务的内容及操作程序。

及时制止小组合作学习过程中的语言霸权主义,扩大学习交流的参与面,使每个组员都有均等的表达机会。

当小组讨论偏离主题或讨论一时受阻时,教师要及时发现问题,及时予以纠正,或为小组讨论提供及时的点拨。

当学生在交流或讨论别的话题时,教师应及时地制止并引导;教师还要特别关注那些"沉默"的学生和"冷场"的小组,给他们鼓励和指导,使他们融入小组活动中。

2. 合作学习的参与者和合作者

教师要深入合作学习小组,把自己当作学生主体中的一员,参与其中的学习、合作、交流,做个平等的参与者,从而缩短师生间的距离,建立轻松和谐的课堂教学氛围,充分地合作与互动,以达到教学的最佳效果,实现有效的合作学习。

五、初中数学小组合作学习时间安排

一节课时间有限,有些教师为了完成本课时的任务,在学生还没有完全展开合作学习时,就匆匆结束合作学习,草草收场。这样的小组合作学习不但达不到学习的目的,而且很容易挫伤学生的学习热情,容易养成敷衍了事

的不良习惯,也容易使学生对合作学习失去兴趣。

因此,教师要给学生提供充分的思考、交流、操作和总结的时间。在进行合作学习前,教师要留给学生一定的独立思考时间;在进行合作学习时,要给学生足够的交流讨论时间,让每个学生都有发言的机会和相互补充、更正、辩论的时间,使不同层次学生的智慧都得到发挥;在结束合作学习后,要给学生足够的汇报、反馈的时间,从而完全掌握学生合作学习的准确信息,对合作学习中存在的问题及时予以指导。

六、初中数学小组合作学习的必要性

心理学研究表明,良好的人际关系有利于促进学生的认知、情感和行为三种不同层次方面的学习心理状态的提高。除了要教给学生数学知识外,初中数学教师还肩负着培养学生思维创新能力、实践动手能力的责任。但是在传统的数学教学模式中,教师经常忽视数学的发生过程,教学目标不明确,忽视学生在学习中的主体地位。在传统的思维模式下,教师加强了学生对教师的依赖,学生在学习过程中依赖教师对知识的讲解,导致学生在学习过程中丧失了自我思考的能力,失去了数学学习的兴趣。如何在教学过程中,让每个学生都能发挥自己的作用,把学生的个性与集体的合作有效结合起来,调动学生在数学学习中的积极性,这是每个教师都要思考的问题。

小组合作学习与教学形式为学生创设了一个能够在课堂上积极交往的机会,这对于学生形成良好的人际交往关系有着极其重要的实际帮助的。

第二节　初中数学小组合作学习的意义

随着新课程改革的不断推进,人们的教育理念和教育方式有了很大的变化,现阶段教学更加注重学生综合能力的培养,所以对于学生的要求比较高。大部分初中生认为数学学习难度过大,他们需要花费大量的时间才能

够理解基础的数学内容,这就使得相当一部分的学生对于数学学习产生了厌恶感,甚至不愿意参与到数学学习过程中,若是教师不及时进行补救,学生的学习和发展都会受到影响。

随着新课程理念的不断深入及素质教育改革事业的不断推进,越来越多的新型的教学理论、教学方法、教学模式开始不断进入广大教育教学中,小组合作学习就是其中一种较为有效的教学方法。小组合作学习的引入,可以为数学课堂带来活力,它不仅可以确保学生的课堂主体位置,还可以不断提升学生的合作能力,让学生积极主动地进行探讨和交流。这样的方式顺应了新课程的要求,对于学生数学核心素养的提升很有帮助。在初中数学学科教学中,教师组织小组合作学习,可以让学生以小组为基本单位,以共同的学习目标为活动目标,通过自主探究学习和合作交流、协作探究学习,给传统的、呆板的初中数学课堂带来了无穷生机,注入了无穷活力。小组合作学习不仅大大提高了学生的学习兴趣,激发了学生的学习积极性与主动性,同时还让学生形成良好的合作意识,形成良好的团结理念,形成较强的竞争意识,对学生日后的成长和成才,对学生日后适应社会发展的趋势及成为一名合格人才奠定了坚实基础。

一、小组合作学习能够有效激发初中生的学习兴趣

激发初中生学习兴趣,这是初中数学课堂小组合作学习的第一个意义。初中生还处于生理、心理、思想的发展阶段,还没有形成独立的思想、健全的人格、成熟的心理,和社会接触的机会很少,对学习的真正意义还没有一个深入的、准确的认识,因此他们最主要的学习动机就是对学习的兴趣。小组合作学习打破了传统的初中数学教学模式,给学生更多的发展空间,让学生的学习兴趣得到了充分的激发,保证了初中数学教学的切实、深入开展。

例如,初中数学教师可以带领学生观看一些数学科学家成长的人生经历,让初中生感受到每一位数学家的伟大,并且从内心赞叹数学的奥秘。与此同时,初中数学教师还可以进行生活化教学,让每一个小组合作寻找生活中与数学相关的例子,并与数学知识相结合进行解答。这样的方式能让学生看到数学与生活之间紧密的联系,逐步认可数学的价值,从而增加数学学习的兴趣。

二、小组合作学习能够有效激发初中生的合作意识

激发初中生的合作意识,这是初中数学课堂小组合作学习的第二个意义。当今世界是一个合作的世界、交流的世界、沟通的世界,一个人闭门造车绝对不会实现自身的更大突破,必须具有强烈的合作意识,才能成为新世纪、新社会需要的合格人才。初中学生走出家门的机会较少,对外面的世界认知度不高,还不能切实认识到合作对于一个人未来的成长与发展具有怎样的重要性。这就要求教师在教学中采取多种措施,采用多种策略,培养学生的合作意识。小组合作学习要求小组成员之间进行密切的配合和协作,对于学生的合作意识、团结理念的形成都具有极强的促进作用。例如,在二元方程式教学过程中,教师首先为学生进行二元方程式解题思路的演示,并且在演示的过程中不断提醒学生需要注意的问题。为了让每一名学生都能动起来,让每一名学生都能够在小组合作学习中发挥自己的作用,教师将整个实验过程划分为若干个环节,小组中的学生分别集中精力负责其中一个环节,然后在实际的操作过程中,所有学生都能够认真负责,能够对其他同学操作中的失误进行及时纠正,大大提高了二元方程式解题的一次性成功率,保证了课堂教学效果的提高,更重要的是让学生充分认识到合作的重要性,培养了学生的合作意识。

三、小组合作学习能够有效激发初中生的竞争意识

激发初中生的竞争意识，这是初中数学课堂小组合作学习的第三个意义。竞争是新时代的学生必须具备的基本素质之一，在初中数学教学过程中，教师不仅需要强化学生的合作意识，更需要培养学生的竞争意识。拥有竞争意识，意味着初中生在数学课堂学习的过程中都希望自己能够有突出的表现，并且希望能够在同学中做突出者，希望能够在平时的课堂学习和期末测试中能够成为佼佼者。在初中数学学习中，学生的竞争意识越强，通常情况下就有越多的动力与其他同学进行对比和竞争，也越能够提高课堂学习效率，学习好每一个数学知识点。因此，在初中数学教学中培养学生的竞争意识至关重要，而小组合作学习的模式能够在实际上提高初中生的竞争意识。在同一小组内，每一个学生都希望自己能够为小组做更多的贡献，也希望能够在小组合作的过程中被大家夸赞和认同，并且希望成为小组的核心和骨干力量，因此，也更愿意在小组合作学习的过程中不断地表现自我。在这一过程中，学生不自觉地就加入了与其他人的竞争学习中，这不仅培养了学生的竞争意识，还提升了学生参与竞争的能力。组织小组间的知识抢答竞赛活动，组织以小组为单位的实验操作技能竞赛活动，组织评选组内学习最为活跃之星、组内实验操作能手等评比活动，让学生既获得了组内的交流机会，又获得了组与组之间的交流与竞争机会，保证了学生竞争意识的不断强化，为学生日后融入社会、适应社会夯实了基础。

四、小组学习能够满足时代发展和学生发展的需要

1. 时代发展的需要

随着社会时代的不断发展，社会对人才的需要也在不断变化。一个公司不是一个人就能实现其规模壮大的，都是需要通过小组合作协助，初中数学学习也一样。数学类型多样且复杂，学生在数学学习中往往会因为一点

方程式偏差就导致整个思路的紊乱。因此,在数学学习过程中都要进行小组合作,共同探讨数学的思路,这样才能提高学生对数学学习的积极性,提高学生的思维扩散能力。

2.学生发展的需要

在初中教学过程中,数学学科占据着非常重要的地位。小组合作学习作为一种全新的初中数学教学模式,对提高初中数学的教学质量具有重要的作用。小组合作学习可以让学生在有限的课堂内进行最大限度的交流,在短时间内扩展思维,从而激发学生的解题思路,让学生在互相交流中感受数学的乐趣,从而有效地提升学生的探究能力、思考能力和发散思维能力。

第三节　初中数学小组合作学习中存在的问题

初中数学小组合作学习已经作为一种高效的教学手段,被纳入初中数学课堂教学中,为初中数学教学改革和课堂教学注入了新鲜的活力。但是,在初中数学课堂上开展小组合作学习也存在众多的障碍,甚至在教学过程中出现了许多问题。通过长期的观察以及深入课堂听课,诊断出小组合作学习出现的问题如下。

一、从教师的角度分析

1.分组不合理,没有进行科学分组

有的教师不根据学生的成绩和个性特点等进行分组,而是随意指定学生分别组成合作学习小组或按自然座位(按高矮排座)组成学习合作小组。有的小组可能全是学优生,有的可能全是学困生。学优生能开展讨论、探究,而学困生则可能无从下手,没什么可交流的,只能交流一些与探讨合作的问题毫无关联的东西,小组成员之间也无法进行学优生帮学困生活动。不进行合理搭配,小组之间无法平衡,也就无法进行有效学习和竞争。

2. 合作学习的内容或提出的问题有时太简、有时太难、有时不具体、有时不适合

问题太简,学生一思考便想出来,缺乏讨论、研究交流的价值,没必要进行合作学习,不能为合作而合作。但如果提出的问题太难,学习合作也没什么结果,也不能找出解决问题的方法、思路,则合作只能浪费学生的精力和时间,徒劳无功。若提出的需要合作的问题不具体、太过繁杂,中心不突出,没有明确的合作任务,学生讨论也只能是热热闹闹、叽叽喳喳,起不到合作的效果。有些内容、有些问题本身就不适合合作学习,不是所有问题都能进行合作学习。

3. 没给学生独立学习独立思考的准备

教师提出问题马上或很快就让学生去讨论研究,学生对教师给的问题还没来得及思考,还没形成自己的看法,这样交流起来,大多数学生只能听别人说,不可能进行实质性的合作学习。

4. 没给学生留出充分交流、探讨的时间和空间

有时候教师给学生交流、研讨的时间几十秒钟不超过一分钟,就急着收场让学生展示。学生在这么短时间内无法交流什么、探讨什么,小组合作只能流于形式,走走过场。学生回答时,也只能按照自己的想法和观点去回答问题,根本不是小组合作的成果,不能代表小组全体同学的意见和看法。

5. 让学生合作的次数太多

学生有时候一节课合作七八次甚至达十几次。有时候有些问题学生稍加思考就可以马上回答,但为了体现合作,教师也要让学生进行商量、讨论,似乎没有商量、讨论就不是使用新的教学方式,教学观念就不先进。实际上这会给人以表面积极讨论问题的假象,看上去轰轰烈烈,但没有多大实际效果。该合作的合作,能合作的合作,需要合作的合作。为合作而设计合作,往往缺乏深度的合作,学生缺乏思维的碰撞、心灵的沟通、情感上的共鸣。

6. 对小组的评价有效性、实效性、激励性不强

许多教师在学生小组合作学习结束后,没对小组合作学习做任何评价,挫伤了学生小组合作学习的积极性。即使有的教师对小组合作学习做出评价,也往往是重个体评价,轻小组评价,重学习成果评价,轻合作意识、合作方法、合作技能评价,重课堂随机评价,轻终结性评价,致使小组评价不能发挥应有的作用和成效。

二、从学生的角度分析

小组成员间不具备合作学习的心理倾向,没养成合作学习的习惯。一说合作,一说讨论,组员便各自为战,七嘴八舌,你说你的,我说我的,有时不等别人把话说完便插嘴抢着说,且乱说一气,而不是合理补充或纠错,无法进行有效的互动交流。

小组成员分工不明确,职责不清,小组长领导、协调能力差。组长由教师临时指定,未明确组长的职责,也未明确组员的分工与职责。有的学生无所事事,有的乱说乱动,不能达到合作学习的效果。

学生的合作学习大都是浅层次、低水平操作。学生随便简单地说一说、谈一谈、议一议便了事,没有形成新的观点和想法。

小组的合作学习成了学优生发挥才能、表现自己的舞台,大部分学生成了看客,学困生更是被忽视,一言不发。

展示的不是小组的意见。一个小组有好几名同学举手抢着发言,没形成小组一致意见,发言人只能表达个人的看法、自己的观点,小组合作学习流于形式。

小组间没能形成竞争意识,学生进取心、争胜心不强。

三、从合作学习的过程

1. 教师的认识引导不到位

在实际的教学中,有些教师由于对学生小组活动合作的具体目的性和认识不够,以及对于教师组织实施不能够明确到位,导致课堂教学中组织开展的小组合作学习存在着一些问题。大部分教师没有很好地完成合作互动学习的教学目标,教师在对教材进行编排时没能进行很好的梳理,这是影响合作学习的主要因素。

2. 教师参与度低

部分教师在合作学习活动中参与度低,没有充分起到活动主导作用。学校有时下达了开展小组合作互动的学习任务,但不知道怎样在教材中加入课堂互动学习这一环节,该环节应如何展开、在何时展开、在课堂中开展的时间应该为多久,等等。在实际教学过程中,教师在尝试性开展几次后,发现在课堂进行小组互动经常会影响到自己的教学进度,经常在感觉时间不够时,让学生在激烈探讨时戛然而止。教师在教学过程中不仅没有很好地让学生理解互动学习的目的,也耽误了自己的教学进度。

3. 忽视对合作的培养

在进行小组合作学习时,学生经常会有以下几种表现。第一种情况是,班级在讨论过程中过于混乱,无法辨别学生是在学习还是在搞其他的小动作。第二种情况是,学生们在合作学习开始时,为了应付老师简单讨论几句,之后就是几个人坐在一起各干各的。第三种情况是,部分学生在进行合作讨论时热火朝天,撸起袖子讲,对其他同学提出的观点和疑问视而不见。合作学习的重点就在于"合作"二字,教师在课堂学习中,如果没能及时对学生进行合作方式、合作意义的教导,会使整个小组合作学习的开展变得艰难。

4. 学生实际参与度不高

在进行实际开展小组合作学习活动时,理想情况是学习小组中的成员互相督促,互帮互学,共同实现学习目标。但是,部分学习小组中的学习成员学习依赖性比较强。例如,在收集学习材料或者整理归纳学习信息时,只是依靠学习小组中某个学习成员去进行落实。这样一来,学习小组中的成员无法每个人都得到进步,进而无法有效地提升自我的学习质量。

5. 学习形式大于操作内容

教师教学的根本来源于教材,教材对于教师是有着指引性的,但是也有一定的制约性。许多教师从教材中走出不来,无法将教材中的知识点和小组合作学习相互融合,在进行小组合作时经常生拉硬拽。

小组间的合作有时流于形式,我们只能够看到一个小组的全体成员共同参与合作,对问题进行讨论,而没有真正看到他们对其中的基础知识以及操作方法的深入交流和共同思考。

笔者经过深入观察初中数学应用小组合作学习的课堂实际发展现状后发现,课堂上桌位摆放形式以长方形或是 t 字形为主,学习小组的学生围绕着座位进行深入的学习。从单一的座位形式来看,好似进行了教学形式的改变,但是教师却在实际教学活动中仍然沿用着过去传统的教学方法,学生则依然被动地进行学习,甚至班级中的部分学生还会在课堂学习活动中做一些与学习无关的事情。小组合作学习模式并没有真正落到实处,而是流于形式。

6. 综合评价不到位

在调查中可以发现,在合作互动学习过程中,学生期待的是学生和教师的共同评价。教师在学生心中的地位是无法替代的。往往因为教师的评价不到位,很多学生参与个体活动时的积极性明显降低。在传统教育评价中,教师的评价主要是对于学生日常作业和各类考试做出的评价,评价的内容是以分数为基础的。这种评价的方式是十分片面的。在小组合作学习中,教师对于学生的评价和奖励都侧重于小组整体,从而忽略了个体的发展。在对具有合作性的学习小组进行综合评价时,数学教师不应该只重视对整个学习小组的综合评价,对学生个体的综合评价相对较少,因为这样的评价方式会造成部分学生参与合作学习的积极性明显降低。

第四节　初中数学小组合作学习实践方式

一、构建科学有效的合作情境

构建科学有效的合作情境,是初中数学小组合作学习实践的第一个方式。在初中数学课堂合作学习中,教师要精心设计教学过程,构建科学有效的合作情境,这些情境应该符合学生的年龄特点,能够引起学生的好奇心,使学生产生探究的欲望,使学生的学习从被动变为主动,不断提高学生的学习积极性。

初中数学教师在课堂上为学生营造良好的合作学习氛围对学生学习数学的积极性有着较大的影响,有利于学生在课堂上积极主动地学习。在初中生心里,教师的地位是十分崇高的,教师为学生营造良好的合作学习氛围能使学生了解到教师重视合作学习,有利于学生积极参与合作学习。学生一旦重视合作学习,便会重视数学的学习,从而不断提高学习数学的效率。初中数学教师应该在课堂上设置讨论阶段,选择学生学习中具备合作价值的内容,有效组织学生合作,提高学生的数学学习效率。

二、培养学生团结合作、共同学习的意识

培养学生团结合作、共同学习的意识,这是初中数学小组合作学习的第二个实现方式。教师需要在实际教学活动中,充分培养学生正确的合作学

习习惯。首先,数学教师需要培养学生独立学习的能力,并要求学生以学习小组的形式进行展示自我的学习成果,充分调动每一位学生的学习积极性,从根本上保证了课堂教学的质量;其次,教师需要在学生进行自主学习的前提下进行知识的引入,以便可以帮助学生更好地进行构建数学知识框架;最后,教师需要在日常的教学活动中,注重数学的解题思维及解题技巧的教学,切实有效地培养学生数学分析的学习能力,充分激发学生的学习欲望,进而从根本上提高合作学习的教学质量。

例如,在讲授人教版初中数学七年级下册"平面直角坐标系"这一课时,教师可以由生活事例引入,进行师生合作。先从实际中需要确定物体的位置的事例出发,引出有序数对的概念,建立分工合作,要求学习小组中的成员各司其职,并指出有序数对可以确定物体的位置。再运用有序数对确定平面内的位置,结合数轴上确定点的方法,引出平面直角坐标系,学习平面直角坐标系的概念,如横轴、纵轴、原点、坐标、象限,建立点与坐标的关系。教师在讲授人教版初中数学"特殊的平行四边形"这一课时,可于课前布置学生动手制作一个菱形和一个正方形。课上将学生进行分组,前后桌四人一组,每组包括能力不同的学生,设组长一名、中心发言人一名。组长主要负责引领和鼓舞同学学习积极性。教师以问题串的形式引入新课,让学生明确本节课所要解决的问题。让学习小组中的学习成员进行回忆菱形性质和判定的探索过程及其得出的结论,目的是启发引导学生体会探索结论和证明结论的相互关系,即合情推理与演绎推理的相互依赖和相互补充的辩证关系。因为前面对平行四边形及矩形的学习,学生回答问题比较有针对性,能概括地从边、角、对角线等几个方面回答,较有条理。当然也有个别学生语言表述不到位,教师应适时点拨、补充、鼓励。

三、帮助学生在合作学习中学会独立思考和表达

帮助学生在合作学习中学会独立思考和表达，这是初中数学小组合作学习的第三个实现路径。小组合作学习是一个互帮互助的过程，也是团队那小组成员共同解决数学问题的过程。在这一过程中，学生之间需要交流和表达各自的想法，以此来实现信息和资源的共享。但是在这一过程中，学生一定要保持个体独立性的思考，就相关的问题依据逻辑思维做出科学、合理的推论，一定要避免因跟着其他成员的想法去想而失去自我思考的能力。也就是说，学生不仅要善于倾听别人关于数学问题的思考，还要有自己的独立想法。那么，在初中数学小组合作学习中，要帮助学生在合作学习中学会独立思考和表达，教师应遵循以下几点。

第一是引导学生独立进行思考。在一个新的问题被提出来之后，教师不要太急于开始课堂合作学习，应先留给学生独立进行思考的时间，再组织小组成员进行合作学习。学生带着自己的想法在小组合作中进行交流，才能够充分发挥初中数学课堂合作学习的优势，有利于提高学生学习的自主性，从而为提高学生的自身素质拓展更多的空间。

第二是引导学生大胆进行语言表达。一些性格比较内向和学习成绩比较差的同学可能出于各种原因，不愿意在小组合作学习中发表自己的意见和看法。这个时候，教师要主动引导和给予这部分学生表达的机会，让班级内所有的学生都能顺畅地表达自己的观点和想法，实现在小组合作学习中充分交流。

第三是做好互相评价与自我评价。在合作小组成员交流评价过程中，除了教师及时给予评价外，更多的是组内成员交流时的互相评价和自我评价。有利于教师充分了解组内全体成员或各个小组之间整体的合作交流能力。

四、做到过程评价与学习结果评价相结合

做到过程评价与学习结果评价相结合,这是初中数学小组合作学习的第四条实现路径。在合作学习中,评价是关键环节,以往的传统课堂教学中,评价多是以结果性评价为主,但是在初中数学合作学习中,过程性评价则要更多一些。

在初中数学课堂合作学习中,学习过程与学习结果的评价是并重的。学习结果的评价操作相对简单,一般是依靠学生合作学习后具体的汇报结果、习题等任务的完成情况等进行定量与定性的评价。真正难以把握的是过程性评价与结果性评价的结合,因为过程性评价针对的往往是学生课堂的表现、小组中学生扮演的角色、合作学习中的表现等难以有效量化的因素,即使可以在课堂上进行阶段性的口头评价,但是很难和结果性评价充分综合在一起进行量化。

因此在实践中,我们往往是通过制定评价量规与评价表等形式对相关的小组成员发挥的作用、表现等学习过程的情况进行记录,同时记录其小组及个人的整体学习结果,通过综合量化评分等形式进行评价。这样评价实际上更加客观,在实施的方式上也比较灵活,涵盖了师生、生生等多元化的评价主体,实施起来的难度也并不大。

五、建立合作学习小组,关注合作学习实效

建立合作学习小组,关注合作学习实际效果,这是初中数学小组合作学习的第五条实现路径。初中数学教师在进行构建班级中的学习小组时,需要深入地对合作学习小组内在结构的合理性、有效性、创新性等内容进行分析。学习小组内部的人数,需要进行合理的划分。如果学习小组的人数过多,学生就无法在实际学习活动中充分展示出自己的学习才能;如果学生数量过少,就很难进行良好的学习互动。

1. 合理分配学习小组，做好组内搭配

建立学习小组，可以为初中数学学习提供合作的平台，让学生有机会进行合作学习。良好的组内搭配，更是为分组合作学习提供了强大的力量支撑，能够帮助组内同学在分组合作学习的过程中，实现 1+1>2 的效果。

合理分配学习小组，做好组内搭配，可以通过以下方式实现：首先，初中数学教师应该根据学生人数，将班级内的同学划分为几个小组。对于人数总量三十人左右的班级，可以将班级内的学生划分为三到五人一组，对于人数总量在五十人左右的班级，可以向班级内的学生划分为五到六人一组。以此来控制小组的数量和每组人员的规模。其次，初中数学教师应该根据班级内学生的学习成绩来确定合作学习小组的组内搭配。初中数学教师应该将班级内成绩良好、成绩一般和成绩差的三类学生平均划分到每个学习小组中，保证每一个学习小组学生的学习成绩呈现一个阶梯式的分布。最后，数学教师应该考虑班级内学生的性格特征，作为小组成员划分的参考依据。每个小组内应适当安排一个性格外向的同学，避免一个组内的全体成员都不爱发言或性格内向，这样会阻碍学习小组的交流和沟通，影响分组合作学习的效果。另外，也要考虑组内男女比例，避免出现全组都是男生或全组都是女生的情况。

2. 确定小组学习任务，做好职责分工

将小组合作学习融入初中数学教学实践，需要确定小组学习任务，做好职责分工。小组学习任务相当于小组的学习目标，这不仅能为小组合作学习提供一个明确的方向，激励小组成员为实现该目标、完成该任务共同努力，还能督促学习小组成员时时保持积极端正的学习态度。做好职责分工，意味着在合作学习小组内，每位小组成员都应该有自己应承担的责任，并对自己所负责的内容尽心竭力。

确定小组学习任务,做好职责分工,可以通过以下几个方面来完成。首先,初中数学教师应该采取差异性教学策略,根据每个学习小组的不同情况,为每个学习小组打造和定制个性化的学习方案和学习任务。例如,A小组全体成员基本功较差,该小组的阶段性学习任务应该是进行知识点背诵和巩固。B小组数学计算能力较差,该小组的学习任务便是阶段性进行计算能力训练。其次,每个合作学习小组内的成员都应该有不同的职责,承担不同的义务。例如,有的同学是小组组长,负责牵头带领小组成员进行学习,有的同学负责小组内的作业检查和纪律管理,为小组营造良好的学习氛围。明确的职责分工能让小组成员各司其职,帮助小组成员合理地利用时间,最大限度地发挥小组内成员的优势和力量,有效地开展小组分工合作学习,提高小组分工合作学习的时间和人才资源利用率。

3. 掌控小组学习进度,做好监督检查

将分组合作学习融入初中数学教学中,需要教师掌控小组学习进度,做好监督检查。小组学习进度代表了小组目前学习进展和目标的完成状况,反映了小组成员有没有按照计划和按部就班地去完成小组学习目标。教师紧跟小组学习进度,有利于督促小组成员不要偷懒,推动小组分工合作学习顺利进行。

教师应对不同学习小组的进度完成状况进行对比,分析一下是否所有小组都能及时完成任务,没有按时完成任务的小组与按时完成任务的小组差异在哪里,以便调整教学计划和小组安排。没有按照进度完成计划的小组,如果是因为组内的全体成员惰性大、积极性不高,这时候需要调整组内的成员安排,为该小组调入一位学习积极性较高、行动力强的学生,改变组内不良的学习氛围,带领小组进行初中数学合作学习。

4. 建立小组评价体系，做好结果考核

将小组合作学习融入初中数学教学中，需要建立小组评价体系，做好结果考核。小组评价体系主要用于对合作小组的任务完成、结果学习成绩提升等全方面进行评价和考核，以此来检查该学习小组的合作学习情况，为该小组进行评分。由于学生都有团体荣誉感及好胜心，为了能在评价和考核中得到一个良好的结果和分数，学习小组成员都会积极地进行合作学习。基于此，小组评价体系是初中数学分组合作学习的推动力量，要将小组评价体系纳入初中数学分组合作学习中。

建立小组评价体系，做好结果考核，可以从以下几个方面来实现：首先，初中数学教师应带头建立小组评价体系，明确评价考核的指标，明确评价考核的内容及考核结果的等级划分。例如，可以将小组合作学习的次数、态度、进展、成果、成绩提升状况等作为小组评价体系的考核指标，用这些指标来对学习小组进行统一的考核。其次，要在结果考核的基础上，进行考核结果分析，根据考核结果分析该考核结果的影响因素，并对影响因素的原因进行进一步的分析，为后期改进和提升合作小组学习状况提供指导性意见。例如，A 小组考核结果为优良，B 小组考核结果为差，通过对两个小组进行对比，会发现 B 小组的全体成员对于数学的学习积极性不高，导致小组合作学习中效率不佳。因此，为改善此小组目前的状况，可以将此组重新组合，将每位成员安排进不同的其他小组，为该组的每个成员提供全新的学习环境，以便激发该组同学的积极性。

5. 实施小组动态调整，交换学习伙伴

将小组合作学习融入初中数学教学中，需要实施小组动态调整，交换学习伙伴。小组动态调整可以为每个小组的成员更换新的学习伙伴和小组合作对象。小组动态调整的方式有很大的优势和好处。不仅能够实现合作

伙伴更换的目的,为每个学习小组注入新鲜的学习气氛,改善当下小组的学习环境,而且还能够改变当下分组不合理的情况,实现数学合作小组科学划分。在每一个数学学习小组建立之初,学生都是抱着共同学习和良好配合的目的,但是在合作学习等过程中,会发现小组内由于成员之间性格不合适或者没有办法良好配合,出现小组学习效率低下的情况。在这一背景下,阶段性调整小组成员有利于从总体上提高合作小组的学习质量。

实施小组动态调整,交换学习伙伴,可以通过以下几个步骤来实现。第一步,数学教师首先要去观察每一个合作小组合作学习的情况,从总体上把控小组内每个成员学习成绩提升的情况,分析小组合作质量。第二步,数学教师要先从整体合作状况不佳的小组入手,询问和采纳合作小组每一个成员关于更换小组伙伴的意见,考虑是否要为这一部分合作小组调整小组成员。第三步,数学教师组织开展小组动态调整,安排有调整需求的小组,完成小组成员的调换,实现小组成员的重新分配。第四步,持续跟踪数学合作学习小组调整之后小组合作学习的情况,观察更换小组成员之后的小组合作质量。建立数学小组动态调整机制,主要的目的不是为了调整而调整,而是为了解决小组配合不默契以及小组整体合作质量不佳的情况。

六、注重学生情感激发

注重学生情感激发,这是初中数学小组合作学习的第七条实现路径。在开展初中数学小组合作学习的过程中,教师应当首先明确每名学生的课堂参与情况及实际学习情况,倘若学生在课堂上出现走神、注意力不集中等情况,教师应当第一时间与学生进行沟通交流,并提出解决的措施。同时,教师在实际教学过程中应当切实展现学生的课堂主体性作用,并积极发挥自身指导性价值,不断了解学生的实际学习情况,掌握学生的学习心理,进而拉近师生之间的距离,强化课堂互动性,促使学生个人学习能力的有效增强。

例如,在八年级上册"勾股定理"这一章节的教学过程中,教师便可以利用课堂问题导入的方式,引导学生对有关"勾股定理"的实际运用范围进行讨论与思考。在学生经过讨论以后,有的学生认为,勾股定理主要运用在直角三角形内,其公式的表达方式为 $a^2 + b^2 = c^2$。而另一名学生则认为,倘若一个三角形能够满足这一公式特点,那么这个三角形便是直角三角形。借助这样的问题导入方式,能够强化学生对本章知识的理解和思考。若在讨论的过程中,有些学生出现积极性不高的情况,教师应当及时提供帮助和指导,使学生能够切实融入小组合作学习活动当中。学生只有积极融入其中,才能掌握更多的知识和学习技巧,进而增强自身数学学习能力。

第五节　小结

新课程改革倡导学生主动参与课堂学习,实施探究学习、合作学习。而小组合作学习是一种现代化教学方式,具有时代性和创新性特点。为此,在初中数学课堂教学中稳步推进小组合作学习,有利于师生良性互动,增强不同层次学生之间合作交流,进一步提高学生的综合能力。在现代初中数学课堂教学的大背景下,小组合作模式对于初中数学教师来说是非常受用的,高质量的小组合作教学不仅能够激发初中学生的数学学习热情,还可以提升他们的数学素养,提高他们的数学成绩。

总之,小组合作学习是提高教学效率的有效途径,这种学习方式不仅能够减轻学生和老师的压力,还能使学生养成主动思索和深入分析的习惯。此外,还可以使学生学会与团队合作,借鉴他人经验,提高学习效率,培养团队合作学习能力和团队合作精神。

第四章

新课程理念下初中数学生活化学习

第一节　初中数学生活化学习的含义

数学源于生活而又高于生活。对于学生而言,他们学习的目的,是为了用知识来武装自己的头脑,提升自己的生活实践能力。因此,教师在课堂教学中,应当重视学生的生活实践能力培养,让学生能够灵活地将所学习的知识运用于日常生活中。在初中数学的教学中,教师也应当秉承数学教学生活化的教学理念,让学生在理解数学理论知识的同时,能够熟知其运用对策,促进生活能力的提升。这样的教学模式和新课程改革理念是不谋而合的。

所谓生活化教学是将教学活动置于现实的生活背景之中,从而激发学生作为生活主体参与活动的强烈愿望,同时将教学的目的要求转化为学生作为生活主体的内在需要,让他们在生活中学习,在学习中更好地生活,从而获得有活力的知识,并使情操得到真正的陶冶。

基于生活体验的初中数学学习指的是在初中数学教学与学习中融入生活元素,使得初中数学学习能更加与生活结合,具体可以从以下两个角度来进行理解。

第一,数学教学中加入生活元素。所谓在数学教学中加入生活元素,具体指的是数学教师在进行数学教学的过程中,除了向学生讲述课本知识内容及原理以外,还应该结合生活中的事物,对教学过程中比较难理解的原理及知识进行深入的剖析与阐述,并且鼓励学生将所学知识与生活实际相结合,培养学生生活数学观念,协助学生更好地理解数学知识和课程内容。

第二,学生在学习中主动联系生活实际。如果说教师是将生活体验融入数学教学的一个主体,那么学生就是将生活体验融入数学教学与学习的另外一个主体。学生能够走出课本内容的狭隘界限,在进行初中数学学习过程中,主动联系生活现象,将自己的实际生活经历和生活经验与初中数学相结合,以便思考难以想通的数学知识,形成对初中数学的全新认知。同时,将数学课学到的内容,运用到日常生活实际问题解决中,实现数学学习与生活能力同步提升。

一、初中数字生活化学习方式培养要关注的几个方面

一是要关注已有的生活经验与生活场景。随着信息技术的发展,学生自主获取知识途径日益增多,生活经验也日益丰富。班级、教室、学校、社区等无不是学生所处的生活场景,这些都是我们可资借鉴的教学生活资源。

二是要关注现实的课堂生活。课堂是学生主要的活动场所,课堂学习是学生作为"人"在成长历程中的重要生命认识活动。因而课堂教学应充分激发学生探索教材、自我、群体、社会等对象性事物的生活体验乐趣,使才能充分展现、人格得到尊重,从而让学生增强成功的获得感,体味到生命历程中的美好与艰辛。

三是应培养学生成为创造未来生活、承担社会责任的人。新课程的价值取向是人的发展,任何教育都需要为学生的未来发展作准备。终身学习已成为人们的生活方式,在"互联网 +"条件下,课堂教学要为学生将来更好地适应生活、承担社会责任奠定持续发展的能力。

二、生活化教学理念在初中数学教学中运用的必然性

经过多年的初中数学教学实践,笔者认为,对于初中数学的课堂教学而言,生活化教学理念的运用是时代发展的必然,也是课程改革的必然。

1. 生活化教学是新课程改革的要求

新课程改革强调,教师在课堂教学中,要重视学生的生活实践能力培养,不断提升学生将理论知识运用于实践的能力。因此,在新课程改革的背景之下,教师重视数学教学的生活化,是时代发展变化的必然,也是新课程改革和素质教育指导之下的有效教学模式。

2. 生活化教学有利于提升学生的生活实践能力

在初中数学的教学过程中,如果教师将生活化的教学理念有机融入课堂教学中,重视课堂教学内容和教学手段的生活化,势必会大大提升学生的生活实践能力,让学生懂得如何将理论化的知识运用于实践中,为学生综合素质的提升奠定基础。

三、初中数学教学生活化学习的价值

1. 有利于和谐的师生关系

在传统教学过程中,教师是主导,学生通常只负责在下面听讲,教师负责讲课,这种知识的学习过于被动。数学知识较多,教师只有抓紧课堂时间讲课,才能完成教学任务。然而这种方式虽然学习时间较长,但是效果不佳,学生缺乏主动性,对学习没有太大的兴趣。将数学教学生活化,能够让学生更主动地学习数学知识,提高学习积极性,以此保证学习效率。

2. 缩短学生和数学的距离

生活化教学能够缩短学生和数学的距离。初中数学教学不仅涵盖基本内容,还涵盖较为烦琐的知识。生活化教学能够让学生更好地了解数学理论,将抽象问题具体化,激发学生学习兴趣。

3.创造轻松的教学氛围

通常来说,生活化教学课堂能够为学生提供更多的沟通机会,激发其交流热情,通过与现实生活结合,拓展学生见识,培养其解决实际问题的能力。

第二节 初中数学生活化学习的意义

教育改革的步伐在不断前进,教育观念也随着教育改革步伐的前进在不断更新。伴随着"五育"倡导的提出、立德树人观念的倡导等教育政策的实施,初中数学学习更加重视培养实用型人才,也更加强调与生活结合。初中数学生活化教学中,学生可以通过思考生活中与数学相关的现象,更加深刻地理解数学中一些抽象和复杂的概念。同时,学生可以在更加贴近生活的多样化与趣味性的教学环境中,主动去发现、分析和解决问题,培养学生对于生活中数学现象的敏感度,并在不断观察、分析、推理、探索过程中,获得丰富的生活经验,增加生活数学知识积累,培养科学探究的精神,锻炼抽象的逻辑思维能力,促进学生的综合发展。

1.有利于让初中数学学习走出课堂,贴近生活

有利于让初中数学学习走出课堂,贴近生活,这是新课程背景下初中数学生活化学习的第一重意义。传统初中数学教学中,教学大纲规划什么,初中数学教师就会讲什么,这样的教育模式将学生的思维限制在了初中数学课堂之中,学生的思考会受到局限。但将生活体验融入初中数学教学,打破了初中课堂纯讲述课本内容的现状,使得初中数学课程内容不再只是课本上一段话和一个章节,而是体现了生活中某个现象和事物,增加了初中数学课程内容的生动形象性。同时,生活化的数学教学情景使得初中数学教学增加了更多现实意义,数学学习对于生活的价值也得到有效的开发和应用。

2. 有利于在初中数学学习中实现创新

有利于在初中数学学习中实现创新,这是新课程背景下初中数学学习的第二重意义。首先,将生活体验融入初中数学课程教学,这能将初中数学课的一些知识在课堂教学过程中通过生活体验转化及生活常识剖析的方式进行传授。这能够帮助学生从理论和生活实践两个途径学习初中数学课程知识,也能推动教学方式和内容改革。其次,学生在生活体验中学习初中数学课程,其思维也会受到启发。当学生遇到生活中一些现象和难题时,学生会自发地、习惯性地用自己学到的数学知识去解释生活现象或者解决生活难题,这在无形之中会激发学生数学生活思维,推动学生产生一些创新性想法,助力学生在日常生活中实现创新。

3. 有利于培养实用型人才

有利于培养实用型人才,这是新课程背景下初中数学生活化教学的第三个意义。在生活体验中进行初中数学课程学习,符合国家提出的“五育”倡导。“五育”倡导意在从德育教育、智育教育、体育教育、美育教育、劳动教育五个方面出发,全面培养学生发展。初中数学是一门与生活紧密结合的学科,包含内容广泛,课程体系包括与衣食住行相关的方方面面。因此,初中数学教学中加入生活元素,这能帮助学校在教学进步的同时,也做到了真正从实践层面培养学生学习能力和生活能力同步成长,实现了智育教育的进一步深化,促进了劳动教育进一步融入初中数学学习中,这对培养符合社会要求的实用新型人才,真正落实“立德树人”这一目标,起到了极大的推动作用。

将日常生活融入初中数学课堂,不但能够提升学生对学习数学知识的兴趣,还能锻炼学生数学知识的应用能力,让学生更加主动地去接受数学知识,继而将数学知识运用在生活之中,提高学生对数学知识的掌握能力。这样还能够让学生发挥创造性思维能力,让学生可以独自思索找到问题的答案,提升学生数学素养。

4. 有利于实现提质减负

有利于实现提质减负,这是新课程背景下初中数学生活化教学的第四个意义。新课程政策要求在包括初中数学在内的各个学科教学的过程中,逐步提高课堂教学质量和减少课下作业负担。这从质量提升和负担减少两个方面对于初中数学课堂教学提出了新的要求。而开展生活化教学,恰好可以实现提质减负的目的。这主要是由于教学的过程也是完成任务和作业的过程。在初中数学生活化教学的过程中,学科教师可以为学生安排生活化教学的学习任务和课堂任务,共同和学生进行探讨。学生在和老师一起进行探索的过程中,解决了许多传统教学无法解决的问题,避免了过多的课下作业为学生带来的负担,将问题的解决过程和知识的巩固以及吸收过程更大程度地放在了课堂之上,真正落实了新课程政策。

5. 有利于改革教学方式

有利于改革教学方式,这是新课程背景下,初中数学生活化教学的第五个意义。教学方式是初中数学教学过程中所采用的手段和教学模式,教学方式影响教学的质量和教学的效果。传统初中数学教学的过程中,教师往往采取理论上课的模式去完成教学任务。在教学的过程中,学生往往依靠死记硬背的形式去掌握初中数学的一些知识点。这样的教学模式和学习方式,虽然能够在一定程度上扩展学生的知识量,让学生能够完成初中数学的学习任务,但是也存在很大的弊端,就是学生很难理解每一个知识点背后的原理,很难发现初中数学与生活之间的联系。由此可见,初中数学教学应该更加符合学科教学的内容,开展更加形象化和生动的教学。在生活化教学的模式下,学科教师通常会为学生打造相对比较逼真的学习环境和学习场景,让学生在模拟的环境中去学习初中数学知识。甚至会带学生在生活中和在户外去学习初中数学的知识,让学生在生活中发现数学,在生活中理解数学,在生活中感受数学,体验数学的奥秘与有趣。

6. 有利于激发学习兴趣

利于激发学习兴趣,这是初中数学生活化教学的第六个意义。兴趣是学生学习的第一动力,能够激发学生学习的热情和好奇心,在好奇心和学习热情的驱动下,学生就能更加积极地去探索初中数学的奥秘。相反,如果学生对于初中数学没有什么兴趣,那么学生很难对初中数学投入足够的精力和注意力,这也会影响学生学习的效果。因此,在初中数学学习和教学的过程中,重视学生学习兴趣的培养和激发,这是至关重要的。而初中数学开展生活化教学,能够极大程度地激发学生的学习兴趣。数学来源于生活。在生活化教学的过程中,学生能够真正结合生活经验和生活现象去挖掘课本教学内容之后的生活原理,从而看到数学与生活之间的联系。这能够改变学生的思维模式,当学生在数学学习中遇到困难的时候,就会从生活现象中寻求答案,从而减少学生理解的难度,让学生更加有信心学好初中数学。

数学作为一门应用性的学科,在初中数学教学中如果继续采用传统的教学方法必然会挫伤学生的学习积极性。传统教学模式下,教师以本为本、机械式地向学生灌输知识,在这种情况下,学生对数学的知识理解存在一定的难度,往往是学生还没有彻底理解数学知识,教师就进入下一章节内容的讲解,久而久之,学生学习上的疑问越来越多,容易失去对数学的学习兴趣。初中数学知识与生活息息相关,探究数学教学的生活化对提高数学教学的有效性有着积极的作用。所谓教学生活化就是将知识还原于生活,让学生置身于生活化的情境中学习。在初中数学教学中,通过生活化的教学,以学生以往的生活经验为基础,将数学知识引入学生原有的知识结构中,可以更好地帮助学生理解知识、消化知识,提高学生对数学的学习兴趣,从而提高数学教学的有效性。

7.培养学生逻辑思维能力

培养学生逻辑思维能力,是初中数学生活化教学的第七个意义。在初中数学的教学过程中开展生活化教学,能够使传统数学课堂中抽象、枯燥的知识点教学转变成有趣味性的教学,从而激发学生的学习兴趣。初中的数学知识点不同于小学阶段的数学知识点,小学数学的知识点较为简单,没有很强的逻辑性和推理性,但是初中数学的知识点激增,学生开始接触学习函数、不等式等逻辑性、推理性较强的知识点,对学生的逻辑推理能力有了更高的要求,一些数学教师为了能够有效提升学生的逻辑推理能力,往往在教学中会加强对学生逻辑思维能力的培养,但是这些有着一定难度的知识点很容易让学生产生厌倦心理,达不到教师预期的教学目标。但是通过生活化的教学方法,教师可以通过创设具有生活化的教学情境,极大地调动学生的积极性和参与性,使学生在生活化的教学情境中逐步提升自身的思维能力,在课堂学习中紧紧跟随教师的脚步来分析问题、解答问题。

第三节　初中数学生活化学习实践方式

一、生活化教学导入,激发学生学习兴趣

兴趣是最好的老师,也是学生在学习当中的原动力所在,利用生活化的例子去激发学生的学习兴趣,可以拉近知识和生活的距离。教师在教学中,应当找到与生活相关联的教学点,把这些教学点利用不同的教学手段引入课堂中,可以通过问题导入、多媒体教学、微课讲解等方法,把一些数学在生活中具象化应用的实例展现在课堂中,从平凡生活现象中去体现细微的数学知识,让学生兴趣得到激发,学生的兴趣得到激发后,能够在课堂中更为

活跃,展现出更加高涨的学习热情。在课程开始之前,教师就需要积极做好备课,在充分联系课程内容的基础上寻找到课堂知识同生活间存在的相同之处,在将知识实现合理生活化的基础上使学生更好地实现数学知识掌握。

如在坐标轴相关知识讲解时,教师可以要求学生将自己生日的月和日更改为(x,y)的形式。之后,教师再在黑板上做好坐标图绘制,安排同学来到讲台上在坐标图当中标出自己生日在坐标系上的位置。通过该种生活化教学情境的创设,不仅能够有效活跃数学课堂气氛,且能够在使学生主动、积极参与到课程当中的基础上使其成为课堂学习主人。在生活当中,当有东西要倒塌时,学生往往会使用棍子类型的物品对即将倒塌的东西进行支撑。这样做时,学生可能还不了解需要这样做的原理,而教师在三角形相关知识讲解时,则可以以此向学生介绍这部分生活常识,使学生充分了解到这样做其实也蕴含了数学知识在其中,让学生在"恍然大悟"中感受到数学知识对生活所具有的指导意义,更好地参与到数学知识学习当中。

二、生活化情境还原,深化学生学习过程

数学这门学科有着抽象难懂的特点,很多知识理解起来都比较晦涩,学生在学习中会因为认知能力不足而对知识的理解不到位。

传统教学模式下,教师在教学过程中一直强调的是纪律,要求学生在课堂上保持绝对的安静,不允许学生发出任何声音,只有教师允许的时候,学生才可以出声,在这种情况下,学生学习积极性不高,很容易束缚学生的思维。在数学教学生活化过程中,要想真正地实现教学生活化,教师就必须在课堂上积极营造生活化情境,让学生置身于生活化的情境中去感悟数学知识、发现数学知识,用数学知识去解决问题,从而不断提高学生的数学能力。

例如在学习概率知识的时候,教师可以将概率知识与生活中的掷骰子联系起来。问学生,两个骰子,掷出的总和为6的概率是多少?为了更好地

方便学生理解知识,教师可以拿出两个骰子,让学生进行实践操作,通过这种方式,学生最后得知两个骰子点数之和为 6 的组合有 1 和 5、2 和 4、3 和 3、4 和 2 以及 5 和 1 五组,最后得出两个骰子总和为 6 的概率为 5/36。通过生活化的教学,可以帮助学生更好地消化知识、理解知识。

数学的生活化教学不仅可以提高学生的数学学习兴趣,帮助学生对抽象的数学概念进行理解,还可从根本上帮助学生加强数学思维建设,提高学生的数学学习能力。在平时的数学学习过程中,教师在课堂上进行例题的讲解,在课下通过布置大量作业的方式让学生在高强度的训练过程中对课上的知识进行进一步的理解。这样虽然能够帮助学生巩固课上知识,但这种方法不仅会占用初中生大量的课余时间,让学生产生厌倦的心理,而且不会对学生数学思维的建设产生帮助。因此,初中数学教师要以提高学生的数学学习能力为核心与根本目的,利用生活化的教学方式帮助学生尽可能地在课堂上对课本上的数学知识进行完全的消化和理解;在课下,教师可以运用具有生活色彩的数学题目对知识进行拓展,拓宽学生的知识面,有利于学生数学思维的发展。

三、寻找生活中的原型,直接利用原型进行教学

数学知识大部分来自生活,只有通过生活化的教学,才能够让数学教学充满活力。初中数学的学习内容,大部分都可以在生活中找到对应的应用原型,在教学这些内容的时候,教师如果能够以原型为基础进行教学,那么将会事半功倍,同时能够让学生感受到数学知识和生活的联系,拉近数学和生活的距离,让学生逐渐喜欢上数学这门学科。初中数学生活化教学需要教师运用多元化的创新教学手段,引导学生从生活中发现数学,然后再把学习到的知识应用到生活实践当中,让学生意识到数学不止局限在课本之中,提升学生灵活运用数学知识的能力,消除学生对数学的恐惧心理,逐渐爱上

数学,体会到数学学科的魅力,从而有效地促进初中数学教学的发展,帮助学生不断地进步和成长。

四、进行生活化的提问

提问是教师在教学过程中最常用的一种手段,是提高教学有效性的一种策略。但是,由于数学知识的抽象性,教师在实际提问过程中往往按照课本内容来提问,使得学生对问题的理解不彻底,从而难以回答出正确的答案。为了提高数学教学中提问的有效性,教师在提问过程中可以将问题与生活挂钩,设置生活化的问题,让学生从生活中发现数学知识,从而更好地帮助学生理解数学知识。生活化提问可以遵循以下几个步骤。

1.课堂引入:生活化贴近学生

初中数学知识比较抽象,但是其中很多知识都和现实生活中存在紧密的联系。在数学课堂上,初中数学教师对于日常生活中的一些常见事物和景象加以利用,能够作为教学用的素材,贴近课堂内容和现实生活,让学生更愿意学习相关的数学知识,在教学中能够帮助初中生在脑海中架构知识框架,实现新旧知识的整合。

比如讲授"矩形、菱形与正方形"一课时,教师在课前准备的时候就可以通过互联网搜集一些现实生活中建筑的图片,再加入课件,做好备课准备。教师在新授知识之前,可以通过多媒体展示这些内容,让学生见到众多的优美图形。初中生能够在欣赏美丽的图形的同时,在教师的引导下思考这些画面中的图形的特征还有性质,加深对于日常事务中数学知识的感知。

课堂引入生活化能够帮助学生通过熟悉的事物提升对于数学的学习兴趣,进而在兴趣的推动下投入数学知识的学习之中,更好地感知数学知识。

2.知识探索:生活化增强应用

不断学习数学知识的根本目的在于将数学运用在实践中,所以数学教学应该切实地和生活相结合,让学生能够在生活中直接应用数学知识,从而让学生化被动为主动,投入数学实践中,逐渐提升自身的数学实践能力。

在华师版初中数学教材七年级上册"相交线与平行线"一课中有关直角三角形的知识,教师可以设计一个生活化的探索活动,比如校园内旗杆高度的测量活动。初中数学教师可以带领学生到操场上对地面和旗杆形成的夹角加以测量,在测量的过程中,教师可以带领学生进行思考:影子和旗杆形成的夹角会不会因为时间的变化而变化呢?学生只有亲身实践过,才能够发现和理解平面内垂直的性质,通过实践活动才可以明确抽象的知识点,化抽象为具体。

3.课上设问:生活化加深理解

数学教学中,课堂设问很关键。数学教师应该合理设置数学问题,帮助学生更准确、更快速地理解问题含义,并且让教学活动顺利地实施下去。教师在设问的时候应综合考虑初中生对知识的掌握程度以及学龄特点,让问题和学生日常生活相结合,帮助学生加深对问题的理解,从而顺利地解决相应的问题。

比如华师版的初中数学教材七年级下册"轴对称图形"一课,教师可以先让学生回忆自己生活中遇见过的轴对称图形,集体说一说,活跃课堂学习气氛,并且让他们说一说图形的共同点,发挥学生的积极性。其后教师再进行适当的引导,带领学生进行思考和讨论,和学生一起归纳总结数学知识点,帮助学生从问题中感受数学知识,对于所学更为明晰。

在教授"直线与平面的垂直"这一概念时,教师可以创设这样的生活化情景:植树时如何判断树与地面垂直?问题提出后,学生们十分感兴趣,展开了热烈的讨论,在不知不觉中都投入了数学课堂的思考活动之中。如何定义线面垂直、如何判定线面垂直等这一课时的重点内容也就在轻松和谐的情境之中解决了。数学概念的形成,必须联系学生的生活实际,直观、具体,建立在对事物的感性认识的基础上,所以教师要引导学生通过观察、分析、比较,找出事物的本质特性。

第四节　小结

所谓生活化教学,简单来说就是指将课堂上的数学教学活动和学生的日常生活情境相融合,让学生在生活中学习相对应的数学知识与技能,并解决生活中的一些实际问题的一种教学策略或者教学模式。

教学中,教师要充分运用直观的方法,使抽象的数学概念成为看得见、摸得着、想得来的东西,成为学生能亲身体验的东西,这样既可以帮助学生理解概念,又有利于激发学习的兴趣。有些数学概念源于现实生活,是从生产、生活实际问题中抽象出来的,对于这些概念的教学,教师要利用一些感性材料,创设归纳、具体的情景,引导学生提炼数学概念的本质属性。

初中数学教学生活化就是根据学生的认知水平来进行教学,让学生置身于生活情境中去感受数学知识、发现数学知识,从而更好地理解数学知识,激发对数学的学习兴趣。作为教育工作者,教师应当认识到数学教学生活化的重要性,要积极开展教学生活化,将数学知识与生活挂钩,引导学生更好地学习数学,提升学生的数学能力,促进教学质量的提高。

第五章

新课程理念下初中数学任务型学习

第一节　初中数学任务型学习的含义

任务型教学法以任务组织教学,在任务的履行过程中,学习者以参与、体验、互动、交流、合作的学习方式,充分发挥自身的认知能力,调动已有的知识,在实践中感知、认识、应用知识,在"干"中学,"用"中学,体现了较为先进的教学理念,是一种值得推广的有效的教学方法。

一、初中数学任务型教学的本质

就任务驱动式教学法本质而言,主要是指在教学活动开展过程中,以完成具体任务为目标,同任务整合在一起,由教师结合实际教学目标和需求,设计教学大纲,布置教学任务,引导学生全身心参与其中。任务驱动式教学法主要是以建构主义学习理论为基础,强调学生学习应同实际生活相联系,引导学生探索问题来保证学生对学习活动的兴趣和积极性。总的说来,教师所设计的任务需要紧紧围绕教学目标,将教学内容隐藏在任务中,通过学生之间的讨论和自主探究,激发其求知欲和好奇心,转变以往被动式的学习方式,整合旧有知识,对新知识进行探索。任务驱动式教学法作为一种创新型教学方法,更加符合新课标教育改革理念。应用任务驱动式教学法的目的是以激发学生学习兴趣为主,丰富学生数学基础知识储备,锻炼数学能力,培养学生发现问题、分析问题以及解决问题的能力,为后续学习奠定基础。

二、初中数学任务型教学的优点

多种多样的任务活动有助于激发学生的学习兴趣。

在任务型教学中有大量的小组或双人活动,每个人都有自己的任务要完成,可以更好地面向全体学生进行教学。

活动内容涉及面广,信息量大,有助于拓宽学生的知识面。

学生在活动中学习知识,培养人际交往、思考、决策和应变能力,有利于学生的全面发展。

在任务型教学活动中,在教师的启发下,每个学生都有独立思考、积极参与的机会,易于保持学习的积极性,养成良好的学习习惯。

三、初中数学任务型教学的特点

任务与传统的"练习"或通常意义上的"活动"究竟有什么样的本质差别呢?

第一,任务具有目的性。这里的"目的"具有两重性,一是任务本身所包含的非教学目的,二是任务设计者所期望任务参与者达到的教学目的,而练习通常只具有教学目的。

第二,任务具有开放性,也就是说,任务的履行并非有一套预定的模式或途径,或者会达到统一的结果。完成任务的途径,包括应用的语言是可选择的、不固定的、非限制性的。

第三,任务具有交际性或互动性。任务通常是集体性和合作性活动,任务的履行通常以交际或互动的方式进行,这种互动可以是学生与学生之间、学生与教师之间、学生与材料之间的双边或多边互动。

四、任务型教学在初中数学教学中的重要性

任务型教学法吸收了以往教学的优秀经验,在教学过程中更重视学生在课堂中的学习状态,并以参与、体验、互动、交流、合作等形式,充分发挥学生的学习自主性,激发学生的学习积极性,让学生在实践中感知数学。任务型教学法并不和其他的教学方法相冲突,而且这种教学方法是理论和实际的结合,强调的是培养学生的实践能力,在学中用,在用中学。

在任务型教学中,教师要以启发学生为主,给予学生充分的时间进行独立思考,培养学生独立解决问题的能力,这样学生才能积极参与到数学学习中来。任务型教学保证了学生自主学习的时间,保持了学生学习的积极性。在教学中,教师进行教学情境的创设,这和传统的教学方式有很大的差别,这种任务通常是以互动和情景创设为主要方法,让学生之间通过合作、讨论的形式完成教师的教学目标,这不仅让学生学到了数学知识,也让学生锻炼了合作能力和人际交往能力,有利于学生综合素质能力的发展,利用有限的时间和空间让学生最大限度地学到更多的知识。

第二节　初中数学任务型学习的意义

一、改变教与学的观念

改变教与学的观念,这是初中数学任务型学习的第一个意义。和传统的教学方法不同,任务驱动式教学法打破了传统的数学教学模式。教师进行教学的过程中,把传授知识当作教学基础,通过布置一些任务,让学生自己主动去发现问题并解决问题。任务驱动式教学方法作为新型的教学模式,更好地把学习的主体转变为学生,同时转变了传统的教师教学观念,通过给学生布置合理的学习任务来进行教学,引导学生进行自发的学习。这种教学模式不仅在一定程度上使学生学习的主动性和积极性得到了极大的提

高,而且在一定程度上培养了学生的思维能力,这会对初中数学学习产生极大的帮助。和小学数学不同,初中数学具有很强的逻辑性,并且其覆盖的知识范围较广,学习难度也随之加大。初中数学的知识为学生学习数理化奠定了一定的基础,在偏理科的学习中,数学基础非常重要,如果初中数学没有学好,就会对于以后的数理化学习造成很大的阻碍。

二、改变教与学的方法

改变教与学的方法,这是初中数学任务型学习的第二个意义。任务驱动式教学方法为初中数学教学开辟了一条新的道路,它改变了传统教学模式中教师的授课方法。数学需要极强的逻辑思维能力来学习,传统的学习模式过于死板化、教条化,枯燥的内容会使学生产生抵触学习数学的心理,这就有可能导致一部分学生失去对数学学习的信念和兴趣。教师在进行数学教学时,通过布置一些与讲授内容相关的任务,让学生分组讨论需要解决的问题,这不仅可以让教师教授的数学内容引起学生的注意,还会使课堂氛围活跃。

三、激发学生挑战欲

激发学生挑战欲,这是初中数学任务型学习的第三个意义。在初中数学教学中应用任务型教学方式,就是教师授课时结合相关的教学内容,给学生设置一定的任务,让学生在完成任务的过程中掌握这一数学知识点。任务型教学方法可以提高学生学习的积极性和主动性,同时还能培养学生独立完成任务的习惯和能力。教师在应用中要注意,这种任务型教学方法以任务为核心,学生在教学中是主体,教师应该循序渐进地引导学生,通过设置不同的任务,学生可以自主探寻不同的知识,激发学生学习的欲望,这样学生不仅对学习充满积极性,而且会对数学更有兴趣,提高学生的学习能力。

四、集中学生课堂精力

集中学生课堂精力,这是初中数学任务型学习的第四个意义。集中精力是保证学生顺利获取并完成学习目标的关键。学生的学习精力就是课堂注意力,是指在课堂上学生集中关注、学习某一事物的时间。初中生大多好奇心较强,自我控制能力薄弱,在课堂上无法集中精力,导致学习效率低,甚至在某些情况下干扰教师正常的上课教学。与此同时,初中生容易被其他事情牵绊而消耗精力,有时无法将全部精力投入课堂,课堂参与度较低,常常听着听着就走神。任务型教学会使学生有一个明确的目标,让学生自己去寻找答案,而不是由教师直接传授,这样能够把学生的注意力集中在寻找答案的过程中,减少课堂开小差的状况,提高学生在课堂上的效率。集中学生的课堂注意力是有效开展课堂教学的前提,是学生在课堂中学习知识和技能的重要保障,是达到课堂教学效果的关键一步。因此,对于教师而言,要注意改变教学方式,使用任务型教学的方法,激发学生学习兴趣,把握学生课堂的最佳学习时间,从而集中学生课堂学习精力,提高课堂学习效率。

在教授"多边形内角和"这一部分内容时,如果按照以往的方法直接把规律教给学生,学生不仅记忆不深刻,听课也会觉得没有乐趣,因此教师在授课时可以给学生展示不同的多边形,如三角形、四边形、五边形,让学生通过测量或计算等方法来探究多边形的内角和,引发学生主动思考的能力。学生通过小组合作、相互讨论的方式,很容易得出三角形的内角和是180°,四边形如正方形的内角和是360°,正五边形的内角和是540°,从而集中精力去推演出有规律的公式,既能够减少课堂走神的现象,也能够使学生对这部分知识的理解程度和掌握程度更加透彻,提高课堂效率。

在"随机事件与概率"这一课的教学时,教师可以通过生活中的常见事件导入,例如:"太阳每天都东升西落,这个事件会发生吗?""丢一枚硬币,出现反面朝上的结果,这个事情是肯定的吗?""每年的二月都是 31 天,这个事件是一定会发生还是不可能发生的呢?"通过身边的现象和事件,教师能够吸引学生关注,让学生观察这些事件,总结描述这些事件的特点,然后教师进行总结归纳,抽象成"必然事件""不可能事件"以及"随机事件"等数学概念。最后,让学生根据概念理论,列举其他生活中的事件,并准确判断事件的类型。

五、引导学生自主学习

引导学生自主学习,这是初中数学任务型学习的第五个意义。当今社会需要的不仅仅是知识掌握扎实的人才,更注重自学能力强的人才。初中学生刚刚离开小学阶段,习惯跟着老师的步伐节奏学习,存在依赖心理,被动接受知识,没有自主学习意识。在上课前,学生没有预习的习惯,以至于对教师上课的内容不了解,只顾着做笔记,没有投入学习,也不进行思考,最终没有掌握课程内容,没有达到学习目标。因此,教师要积极培养学生自主学习的能力,在教学过程中营造自学的氛围,给予学生足够自由发挥的空间。学生只有形成在不受外界控制和影响的情况下自主学习的能力后,才能提高学习成绩和学习效率,最大程度达到教育教学目标。

初中生的自制力较差,课堂上容易走神,课下也很少主动学习,难以在掌握全部的学习内容的同时真正理解记忆。教师利用任务型教学,通过给学生布置相关任务可以达到约束学生的目的,让学生在课余时间能够主动预习和复习相关知识,增加学生学习的动力,为学生打下扎实的基础,在课堂上的学习也能够更高效,更专注。

在教授"二次函数 $y = ax^2 + bx + c$ 的图像和"这个小节时,由于之前已经讲过最简单的二次函数 $y = ax^2$ 的图像了,在讲基本二次函数图像时,教师可以给学生提前布置任务,让学生通过对比 $y = ax^2$ 和 $y = ax^2 + bx +$

c 图像的不同,总结出图像之间的变化规律。学生会在课前查阅相关资料或者相互讨论,通过代数列举具体式子来推演各项系数与图像之间的相关关系,比如,$y = 2x^2$ 的图像的对称轴为 y 轴,开口向上呈 U 字形的曲线;如果是 $y = -2x^2$ 则是开口向下的曲线,a 的正负决定抛物线的开口方向;加上一次项后,$y = 2x^2 + 3x$ 的图像与原式相比对称轴改变,顶点的位置也会发生改变,b 的大小会影响对称轴的位置;加入常数项 c 会使图像上下平移,改变图像与 y 轴的交点位置。这些规律看起来很简单,但学生通过完成教师布置的任务,自己探索规律,能够锻炼主动学习的能力,养成良好的习惯。

教师在进行"图形的旋转"这一课程的教学时,首先可以通过多媒体向学生展示一些常见物体的运动现象,比如钟表、电风扇、电梯,让学生对于这些物体的运动特征进行描述,初步发现、总结旋转的特点。然后,教师可以在黑板上画一些简单的三角形、正方形等平面图,并画出旋转后的图形,给学生充足的思考空间,让学生进行自主学习,探索旋转过程中的共同点和不同点,总结旋转前后改变的是什么,没有改变的是什么,从而得到旋转的概念和性质。在这个过程中,学生大部分时间都在自主学习和思考,对于学生自学能力的提高有着非常积极的意义。

六、深化学生知识记忆

深化学生知识记忆,这是初中数学任务型学习的第六个意义。在以往的教学模式中,以教师主动授课为主要形式,学生是在被动接受知识,吸收知识的程度实际上很低,为了深化学生的知识记忆,应用任务型教学是可行的方式之一。学生通过完成教师布置的指定学习任务,增加主动学习的过程和经历,从而深化记忆,更好地理解学习内容,建立起自己完整独立的知识框架。学生虽然已经是初中生了,但是在学习过程中仍存在很多的问题,对知识的理解不够深入,对知识的记忆不够深入,学生在进行知识运用时,这些问题就会暴露无遗。教师在上课时采用任务型教学就可以有效改善这种现状,帮助学生更好地构建自己的知识体系。教师在上课期间还要注意学生对课堂知识的理解程度,加深学生对知识的印象,帮助学生更好地进行学习。教师要充分发挥自己在教学环节中的引导作用,帮助学生建立自己的知识体系,使学生的学习更上一层楼。

在教授"三角形全等的判定"这一部分内容时,三角形全等的判定定理共有四条,分别是 SSS、SAS、AAS、ASA,但是如果直接告诉学生这四条规律,学生很容易会记忆混淆,记成无法判定的错误定理,如 AAA,或者记错公式,如 AAS 应是两角及其中一角的对边对应相等,而不是任意一边。教师在授课时可以给学生布置课堂任务,让学生通过自己的学习和不断探索,推演出这几条规律,但学生大部分只能推演出 SSS 以及 SAS,其他两条定理可以通过言语引导来帮助学生理解。比如,ASA 定理可以给学生举例,两个三角形的其中两角相等,两角之间连接的边也相等,让学生通过画图来证明两个三角形是否全等。这样通过学生的自主学习和教师的引导,学生能够更深刻地掌握知识,提升水平。

"有理数的乘除法"这节课是学生在小学阶段学习乘法的延伸,是乘法的逆运算。教师在上这节课时,可以先向学生布置相应的教学任务,让学生在上课期间对知识展开探究,教师在教学期间一边讲课一边向学生讲解知识,这样学生在探究问题时就会在课堂上注意力集中地听教师讲课,大幅度提高学生在课堂上的学习效率。教师在教学期间要充分发挥自己在教学环节中的引导作用,帮助学生在上课期间更好地进行知识的学习,提高学生的学习成绩。

七、明确学习目标

明确学习目标,这是初中数学任务先学习的第七个意义。在初中数学课程改革不断深化的影响下,教师选择和运用任务型教学的模式,以此来更好地完成课程目标是新课程要求下的必然趋势。任务型教学以任务为核心,最首要的一个环节就是明确学习目标,把学习目标当作教学任务,展现了任务的真实性,从而提高了学生的学习兴趣、学习动力。学生通过学习任务的驱动,会积极主动地参与到课堂活动中,跟随教师学习理论概念、科目知识进行技能训练。学生通过参与整个教学活动,不断地发散思维,充分思考,从中积累了学习经验,提升了学习能力。

八、活跃课堂氛围

活跃课堂氛围,这是初中数学任务型学习的第八个意义。学生在初中阶段自我意识已经觉醒,学习的内容难度也出现一定的提升。但是由于知识难以理解,课堂环境无法足够吸引学生的课堂注意力,学生在进行学习时也是时而听一下,导致学生在课上的学习效果不佳。教师在上课时采用任务型教学方法来进行教学,可以使学生在上课教学阶段更好地进行相应知识的学习,提高学生在课堂上的学习效率,帮助学生更好地理解知识。

例如,"有理数"这节课的主要知识点是帮助学生对生活中常见的数字进行分类,体会其中的奥妙,帮助学生掌握一定的数学知识。这节课的教学内容特别贴近生活,教师在上课时可以将生活中的事例引入课堂,帮助学生更好地进行知识的学习,提高学生的学习成绩。教师在上课时就可以以邮政编码为例,向学生讲解它的组成结构和每一段数字的意义。

第三节　初中数学任务型学习中存在的问题

一、教学情景设定只有"数学味",缺少实际应用

在初中数学教学中,由于数学教学任务增加,教师更重视对学生的理论知识的灌输,而缺少对学生实际应用能力的培养,所以教师在教学中给学生

设定的学习情景更多的是理论和实际断裂的情况。还有部分教师在数学教学中只顾能否完成本节课的教学目标,缺少对学生学习情况的关注,从而造成了学生间的"分层",使得学生对本课的知识掌握不牢固。这些只重视提高教学效率,但未考虑到学生的基础不一、接受能力不同的教学方式往往达不到教学目标。

初中阶段的数学教学需要让学生在掌握理论知识的基础上在实际中进行应用,让学生知道数学知识的重要。但是传统的数学教学因为缺少对数学教学手法的创新,大部分学生在数学学习中只能对数学理论知识进行掌握,但是学生理论知识掌握得还不一定牢固,所以初中数学教学情境的设置不仅需要包含数学知识,还需要让数学知识贴合实际,让学生能更好地理解数学知识。

二、数学教学任务相对缺少探索性

部分教师在教学中缺少对教学任务的探索,仅仅依据教学大纲进行机械的教学,缺少对教学任务的探索和延伸,从而导致学生的数学学习仅仅停留在表面,学生对数学学习不感兴趣。

初中数学教学中,教师更多的是重视学生的数学成绩,而忽视学生的学习质量,学生的学习质量和学生的数学成绩是成正比的。教师如果在数学教学中只重视教学任务,忽视学生的差异性,那么会拉大班级内学生的成绩差距,甚至会影响学生学习数学的信心。这种教学给学生增加了一定的压力,但是面对这种情况学生又没有解决的办法,所以这种没有面对全体学生的教学模式,不利于一个班级的学生的发展。教师在教学中缺少对学习任务的有效探索和延伸,既不能丰富学生的数学知识,又不能使学生良好地掌握所学教学知识,所以教师需要在数学教学中对数学任务进行探索,让学生加强对数学知识的理解。

三、数学课堂教学模式僵化

由于受传统教学模式的影响,教师常以自己作为教学的主体,而没有考虑到学生。僵化的教学模式忽视了学生的学习情况,教师没有留给学生自己探索的时间。教师在上课时,更重视自身的讲解,缺少与学生的有效互动。这种传统的僵化的数学课堂教学对学生来说并不是很好的教学模式,所以教师需要在课堂教学中进行优化和创新,让学生能更好地掌握数学知识。

第四节　初中数学任务型学习实践方式

新课标教育改革提倡以学生为主体,以培养学生综合素质为宗旨,进一步强调了数学课程在素质教育中不可撼动的地位,结合实际教学情况构建素质教育的数学课程标准体系,从而实现全体学生的综合素质全面发展。素质教育是当前我国教育改革的主要方向,培养学生良好的学习习惯和数学素养,树立正确的学习态度,激发创新能力,提升学习效率和质量。新课标提倡的素质教育实施以来,初中数学教学方法、教学理念以及评价等方面面临着极大的挑战。数学是一门基础性的应用学科,教师需要明确自身职责,能够与时俱进,应用任务驱动式教学法,培养学生数学学习兴趣,提升数学教学成效。

一、以任务为表现形式,创设情境

任务驱动式教学法从名称来看,主要是以任务为主线,贯穿整个教学过程。任务设计需要结合初中数学教学实际需要,以此作为关键内容。任务设计合理与否,将影响到初中数学教学活动能否有序开展。由此,任务设计是初中数学教学活动能否有序开展的关键点,所以教师应紧紧围绕教学目标,结合学生不同的学习特点,科学合理地设计教学任务,贴近生活,激发学生学习兴趣,引导学生参与其中,保证后续教学活动的有序开展。初中数学教学目标是一个整体，由众多小的学习目标组成，每一个小的学习目标都是通过完成任务来实现的。所以教学任务设计需要更具层次感，由浅入深，学生在完成任务的同时会感到成功的喜悦，精神上获得满足，从而增加完成学习任务的信心。

例如，在教授"三角形的角平分线"这一课时，教师在上这节课之前可以向学生提前布置这节课的预习任务。教师可以向学生布置一些规定性的定义，让学生去查找，也可以通过提出一些与这节课有关的问题，让学生在寻找问题的过程中，提前了解学习内容，因为大多数学生有一定的数学基础，所以在预习的过程中会相对简单。如果学生在预习过程中遇到一些问题，教师也可以进行引导，并教授学生一些有利于课前预习的方法。将任务型教学应用到数学课堂，可以给学生足够的学习空间，学生可以通过自学的方式了解到三角形角平分线的特点和性质。在课前预习的过程中，学生大部分时间都在思考学习，这个过程对于帮助学生提高自学能力有着重要的意义。

二、开展任务型小组合作学习

我们都知道，传统的教学方法中教学主体大部分都是教师，而学生们只能一味地接受教师传授的内容，这种单一的接受模式会给学生们造成极大的压力。学习并不是单一的传授知识或者接受知识，而是需要学生们在学习过程中主动扩建知识。在学习的过程中，教师需要引导学生更好地学习，学生们需要不断发现和整合新知识，巩固并学会实际运用所学内容。但是初中生自身约束力较差，并且学习主动性达不到要求，主要是通过教师和家长的监督来学习，所以说让初中时期的学生进行完全自主的学习，还是有一定的难度。在任务型小组中，个体在同伴的监督下会更加容易主动学习新知识，并且在小组成员的相互压力下，更加容易激发起他们对于数学学习的兴趣,以便于更好地完成学习任务。

学习并非教师向学生进行单一的知识传授,而是引导和帮助学生完成自我建构知识的过程。教师在其中起到引导的作用,学生才是主体,学生需要不断完善和获取新信息,同认知结构相互作用,整合旧知识来理解新知识。但是初中学生由于自身年龄阶段特性,在学习过程中主动性较差,过于依赖教师和家长的监督,如果想让学生完全自主学习是非常不切实际的。

例如,在探究三角形三边关系时,教师可以这样设置教学任务:让学生拿出自己准备的塑料棒,任意选择三根组成三角形,使用刻度尺进行测量,记录三角形三条边的边长。教学目标:学生通过自己的亲身实践及小组交流,用学过的知识探究三角形每两边之和与第三边的关系,以及三角形两边之差和第三边的关系。活动方式:以四人组成小组进行这一问题的探讨。具体的操作过程:第一点,由教师设置具体任务,并提出具体的操作要求,要求该任务在十五分钟内完成。第二点,将四个学生组成一组进行问题讨论,要求小组成员自行分工,然后将操作的结果记录到本子上。第三点,学生小组自主动手操作搭三角形,进行实物的测量工作,还可以通过画图方式,记录员进行相关数据的记录,然后将结论进行汇总并记录。第四点,每个小组都设置了汇报员,负责向全班报告本小组的具体操作过程,同时汇报讨论之后得到的结果,学生和教师对结论进行评价。这一任务的完成过程中,学生通过自己动手操作,进行问题讨论分析,完成了对自我知识的建构,在感性认识上得出三角形概念,同时在任务的驱动下完善自身的知识体系,最终得出三角形三边的实际关系,掌握的知识会更加深刻,和其他教学方式相比达到的教学效果更好。

作为教学活动的组织者和参与者,教师应摒弃传统教学理念,加强师生之间的沟通和交流,为学生营造良好的学习氛围。所以,任务驱动式教学法强调教学活动以教师为主导,以学生为主体的教学理念,只有充分明晰这种概念,才能保证初中数学教学活动有序开展。

例如,在讲轴对称时,教师可以让学生把发现的轴对称图形画下来,小组成员把自己所画下来的内容与其他小组成员分享。然后让他们积极讨论,哪些是对称的,哪些是不对称或者不规则的。由此可以看出,在进行数学知识系统的学习中,学生需要教师进行相关的引导,所以教师作为教学的传授者,必须让学习的主体变为学生,只有明确这种概念,才可以更加有力地推动数学教学质量的提高。

三、设置的任务必须具有生活化的特点

数学学习的主要目标之一就是将知识灵活运用到生活中,因此教师进行任务设置过程中,一定要贴近生活实际,对教材大纲规定的内容进行深入挖掘,尽最大可能将生活中的知识引入到课堂中。这样学生对学习的内容不会感到陌生,对数学产生浓厚的兴趣。在此基础上,完成教学内容后,教师要引导学生将这些内容运用到生活中。

四、教学中要以学生为主体

在整个教学过程中,教师要让学生作为学习的主体,学生要有求知欲望,主动学习新信息,这样会和已经掌握的认知结构相互作用,更好地理解新信息的意义,有效进行意义构建。对于初中学生而言,其主动学习性有限,一般都有一定的依赖性,在教学中教师完全放手,让学生自主学习还不现实。在整个教学中,学生需要教师的引导和帮助,需要教师摒弃传统教学理念。教师在教学中的主要工作就是合理创设教学情境,对整个学习过程进行组织,因此在进行任务教学过程中,教师是主导地位,学生是整个教学活动的主体,教学中要体现以学生为中心的新理念。在初中数学任务型教学中,以学生为主体需要在课前、课堂、课后三个阶段全程落实。

1. 课前任务驱动,激发学生主动求知

课前任务驱动是教学之关键,即指导学生开展预习,通过课前任务布置有效激发学生的探究热情,能为后续教学奠定基础。但在教学实践中,部分教师往往忽视课前任务的布置,仅仅简单地要求学生预习课本,却不安排具体的预习任务。有的教师即便安排了预习任务,却难以引起学生的学习兴趣,难以激发学生预习知识的主动性。因此,教师一定要重视课前预习任务的布置,让学生在预习时便能明确学习目标,便于课堂教学中进一步调动学生积极参与。在课前任务驱动中,教师一定要布置能引起学生探究兴趣的任务,且该任务要难易适度,能使学生获得成就感,提高学习动力。例如,在教学与三角形相关知识时,教师可让学生寻找家中形状为三角形的实物,并参照教材上有关三角形的定义,概括其基本特征。如此布置课前任务,加强了教学与生活之联系,能使学生手脑并用,初步了解所要学习的知识。

2. 课堂任务驱动,促进学生积极参与

在传统的初中数学课堂教学中,教师往往注重知识的灌输式讲解,而忽略学生课堂主体地位的提升,致使学生被动接受知识,学习效率低下,教学活力不足,难以培养学生的探究意识与创新精神。在任务驱动教学过程中,教师可根据具体教学内容设置探究性任务,让学生带着任务去学习,并通过与其他同学交流探讨、合作研究来完成任务,以调动学生的教学参与热情,促进教学工作的有序开展。例如,在学生初步了解三角形相关知识之后,教师可布置这样的探究任务:利用塑料棒学具组合任意的三角形,并测量三角形各边的长度,看看三边之间有何关系。教师可将学生合理分组,让学生开展合作交流,在动手实践与对比分析中生成疑问,得出结论,初步完成探究任务。教师再辅以知识总结和理论讲解,能有效增强课堂活力,提高教学效率。

3. 课后任务驱动,巩固学生所学知识

课后任务驱动是帮助学生复习巩固所学知识的有效方法。在任务驱动教学中,教师同样要注重课后任务的布置,通过设计与学生生活相关的课后探究任务,让学生运用所学知识解决实际问题,有效帮助学生实现知识的迁移拓展,加深对知识的理解。例如,在学习完三角形相关知识后,教师可布置这样的课后任务:"自行车架为什么是三角形的,在设计自行车架时对于三个角的度数有要求吗? 需不需要将度数确定在一定范围内? 大家可以分组合作,找到不同形状的自行车进行研究,并得出自己的结论。"这样具有实践性的课后任务能使学生主动投入材料搜集中,并在任务完成的过程中实现所学知识的复习和合理应用,有效提升学习效果。

五、确保设立任务的合理性

进行学习任务设置时,教师要清楚每个学生对知识的掌握情况,了解每名学生的特点,结合教学目标和教学内容,合理设置教学任务。学生在执行任务过程中,可以利用现已掌握的知识解决问题,进行自主学习,自己动脑进行问题分析,尝试使用不同的方法完成相关任务。教师进行任务设置过程中,由于学生层次的不同,必须要有针对性。对于高年级的学生设置简单的任务,那么其实际意义和价值就不大,因此要求教师熟悉课本内的知识,了解学生的整体基础水平,这样设置的任务才合理。例如在进行三角形知识教学时,教师可以提出问题,让学生利用已掌握的知识推导出正弦定理和余弦定理,教师在整个过程中只进行指导,不进行问题回答,引导学生利用现有知识解决未知问题,提高其知识运用的能力。

六、归纳总结

在具体教学中,任务驱动式教学在实际教学中发挥了极为关键性的作用,让课堂教学更具生动性和趣味性,大大增强教师和学生的互动性。任务

教学让学生的学习目的和主动性更强,改变传统教学的弊端,教师不仅要设计任务帮助学生解决任务,更重要的是和学生一起总结任务,从而大大加深学生对知识的掌握程度,对其之后的运用更为关键。教学过程中,教师应当针对学生在任务解决过程中的诸多问题加以总结,归纳学生在此过程中的问题,并且逐一解决,帮助学生树立更好的学习观念,养成良好的学习习惯。学生在学到新知识的同时掌握学习方法,在此过程中更能感知到数学的趣味性,能够更深层次地学习数学知识。教师通过与学生互动和交流,鼓励学生在此过程中学会反思,及时帮助学生破解学习难题,不但能提高学生整体水平,从根本上改善当前教学的实效性,对于学生之后的学习也是非常有帮助的。

第五节　小结

总之,任务驱动法在初中数学教学中的应用能有效吸引学生注意力,使学生在任务的驱动下合作探究,寻求问题答案,实现由被动接受知识变为主动求知,更好地培养学生的思维能力和创造精神。初中数学教师应加强对任务驱动教学法的研究,设计更为科学合理的教学任务,发挥该类教学方法的优势作用,促进教学水平的进一步提升。任务型教学在初中数学课堂中的应用是现代教学的重大转变与突破,意味着课堂主体由教师转变为学生,学生成为学习的主体,充分发挥学生的主动性。同时,任务型教学还有其他的优势,比如,使学生集中精力提高课堂效率,通过完成任务来引导学生自主学习,培养良好的学习习惯,以及深化学生对知识的理解记忆程度,从而提高课堂效率,为学生之后的学习夯实基础。

第六章

新课程理念下初中数学情景化学习

第一节　初中数学情景化学习的含义

情景教学法是教师根据课文所描绘的情景,创设出形象鲜明的投影图画片,辅之生动的文学语言,并借助音乐的艺术感染力,再现课文所描绘的情景表象,使学生如闻其声,如见其人,如临其境,师生就在此情此景之中进行着的一种情景交融的教学活动。因此,情景教学对培养学生情感、启迪思维、发展想象、开发智力等方面确有独到之处。

一、初中数学情景化学习的特点

形象逼真。情景并不是实体的复现,而是简化的模拟,能展示与实体相似的形象,所以给学生以真实感。

情深意长。情景教学是以生动形象的场景,激起学生学习和练习的情绪和感情的体验,通过教师的语言,把情感寓于教材内容之中,在课堂上形成一个广阔的"心理场",作用于学生的心理。情景教学倡导"情趣"和"意象",为学生创设和开拓了一个广阔的想象空间。情景教学所具有的广远性,能促进学生更深刻的理解和掌握教材,激发学生的想象力。

知、情、意、行融为一体。情景教学为了创设一定的教学情景,就要运用生活显示情景、实物演示情景、音乐渲染情景、直观再现情景、角色扮演情景、语言描绘情景等方法,把学生引入一定的情景之中,使他们产生一定的内心感受和情绪体验,从而克服一定的困难和障碍,形成一定的志向,积极地进行练习,把知、情、意、行融为一个整体。

二、初中数学情景化学习的原则

1. 以学生认知阶段为依据

在认知水平上,不同年龄段的孩子有着较大的差异。他们的兴趣、喜好以及看待事物的能力都是不一样的,初中数学教师在创设情景时,首先要考虑学生认知方面的差异,争取创设的情景符合班级学生的认知水平,然后进一步针对他们之间的差异进行合适的分类和教学。此外,学生最熟悉的感知方式来源于生活,所以情景创设也不能脱离实际生活,将数学知识转化为生活中的趣事,学生们接受知识也会更加容易。比如讲"图形的平移"这一课时,教师可以引导学生联想生活场景:家中衣柜推拉门是如何运动的呢?大部分学生知道推拉门实际上是一个长方形,可以沿特殊的轨道运动,这样就更直观地解释了图形平移的概念,从而使生活与课本联系起来。

2. 情景演绎方式多样化

情景教学时除了要符合学生认知水平以外,在教学内容和方法、情景的演绎上还要多样化、趣味化,这样学生才不会产生厌烦心理,才会将更多的热情和兴趣投入其中,从而激发思考和想象的能力。同时教师在设置问题时要讲究科学性和严谨性,留给学生一定的思考的空间,让他们在自由的想象中获得探索和思考的能力。

3. 生活中提炼数学课堂情景的原则

生活是一部百科全书。自古以来,古今中外的大师无不是观察生活开启了心灵的天窗。以生活为背景,不断提取数学信息,可以加工成数学课堂情景材料,因为学生对生活素材十分熟悉,通过教师的情景教学,会从司空见惯的生活中发现新的事实,对生活现象重新解读,创新思考,学生的认知能力会随着教师的指点稳步提高。例如,教师在讲列二元一次方程组解应用题时,可以举例:"鸡兔同笼,一共92条腿,共40个头,问鸡与兔各多少?"因为这样的生活景象学生经常见到,很有生活情趣,他们对生活材料比较熟悉,便会很快列出方程组:设鸡为 X 只,兔子为 Y 只,根据题意则有:$X+Y=40,2X+4Y=92$。

将生活素材加工为课堂情景,学生进入学习的状态快,思维效率高,结合数学知识就会做出正确的解答。

4. 有利于学生思考的原则

生活素材很多,教师必须要进行精选,选取生活中典型的数学实例和有思考价值的材料,否则学生会感到困乏、厌烦。教师引导学生从不同的角度观察同一生活背景,会有很多不同的认识,得出不同结论,开发学生求异思维能力。比如如何找到桶底的圆心,学生会有不同的找法,一是在桶底画多弦,找最长那根弦,作中点。问题是这样很不容易找到最长的弦。二是用三角尺,把直角定点放在圆周上,画两条弦,交点就是圆心,因为圆周角为直角所对的弦为圆的直径,直径的交点必为圆心。学生不断地思考问题,不断寻找精准解决问题的办法,便会促进学生思维能力的发展。

5. 知识层次性与情景特定性原则

对初中数学的情景创设,教师需注重讲解知识的层次性,特别是对于学生无法有效理解的知识,教师需由浅至深讲解,以最简单的知识作为铺垫,层层递进,引导学生逐渐深入到情景当中,这通常可以使学生最大限度地深化对相关知识的理解。另外,教师可根据数学知识的不同,设置满足学生需求的特定场景,并依据学生的不同水平设置相应的教学情景,以实现因人设景、因材施教，从而获取良好的教学效果。

6. 诱发性与接近性原则

初中数学中，教学情景的创设需符合诱发性、接近性原则。对于接近性原则，其主要指教学情景的设置需与学生的生活环境和认知水平相接近，依据教学内容创设出与学生需求相符的问题情景，同时，需保证引出的问题和学生的实际水平相接近，以充分调动学生学习的积极性。创设的问题情景不能太难，否则学生无法理解，会被难度较高的情景所吓退，从而无法实现情景的有效引入。相反，创设的情景过于简单，学生就会感觉学习没有任何挑战，百无聊赖。因此，数学教师在进行情景创设时，需关注情景的吸引力，只有创设的情景充分吸引学生，才可以引起学生的关注，并促使其积极参与到课堂活动中。基于此，情景的创设需与学生的实际生活相结合，从而使学生充分了解到生活中的数学知识。

7. 艺术性与实际性原则

数学知识归根结底是生活中用到的知识，因此，教师通过将数学知识和具体生活相结合创设教学情景来引导学生关注生活中的数学，并体会数学知识在现实生活中发挥的作用，感受数学知识的魅力。基于此，在进行数学情景的创设时，数学教师需注重数学知识与实际生活的联系，以及用数学知识解决实际问题，从而创设实际生活中的问题情景。另外，问题设计需包含一定的艺术性，如营造氛围、设置悬念，以使学生对比较常见的问题产生兴趣，并能够在情景氛围当中深化对知识的理解与记忆，提高学生学习数学知识的兴趣。

8. 探索性与合作性原则

初中数学的情景教学需包含学生的合作讨论过程，与传统化灌输知识相比，学生是课堂主体，主动接受知识，学生只有进行合作讨论，才能真正成为课堂中的主人,并使灌输式学习真正地转变成自主学习。教师通过提问指导学生进行探讨,这不仅可以使学生的思维能力得到充分发挥,还实现了高效化学习。

三、初中数学情景化学习的作用

与传统数学教学相比,情景化教学模式的作用主要表现在以下几个方面。

第一,更加先进的学习理念。在传统的教学过程中,教师往往比较重视学生的考试成绩,但是在情景化教学模式下,更加倾向于对学生听、说、读、写多方面能力的综合培养,并注重学生对数学学习兴趣的激发与培养。

第二,更加多元化的学习方法,传统的数学学习过程中,学生主要是依赖读背与练习掌握知识,比较枯燥,而情景化教学模式可以利用视频与图片等多种形式展示数学知识点,从而增加数学学习的趣味性,激发学生对数学的兴趣,积极主动参与数学课堂教学活动,同时还能够改变学生在学习数学过程中产生的畏难情绪。

第三,拉近师生之间的距离。情景化教学模式可以促使学生与教师之间更加了解彼此,强化学生对数学知识的应用能力,并使其逻辑思维能力得到锻炼,这对建立和谐的人际关系具有重要意义,能够帮助其实现全面综合发展。

四、初中数学情景教学的优势

1. 解决了理论与现实脱节的问题

情景教学法大大丰富了教学方式与教学手段,解决了传统教学理论与现实脱节的问题,能够让学生将知识运用到实践中,提高了知识的实用性。在学习"为什么要证明"时,教师可以提出问题:"直角三角形的两直角边的平方和等于斜边的平方,那么反过来,如果三角形两直角边的平方和等于斜边的平方,这个三角形一定是直角三角形吗?"有学生持肯定态度,也有学生持否定态度。教师可以不直接给出答案,在黑板上画两条线,问学生:"在同样价格的情况下,买哪根线更划算一些?"有的学生说 1 号线长,划算一些;有些学生说 2 号线长,划算一些。鉴于这种情况,教师可以让学生进行验证,结果两条线的长度相等,于是教师说:"由此可知,人的判断在一定程度上会受到外界因素的干扰,所以在数学学习中,仅有假设和猜测是不够的,更需要进一步去证明。"从而引出教学内容"为什么要证明",并对三角形的猜测进行验证。这种教学方式可以很好地锻炼学生的逻辑思维能力。

2. 有利于培养学生的动手能力

情景教学法的运用能够切实增强学生的动手能力,这是传统教学方式难以做到的。在教学"展开与折叠"时,教师可以让学生用白纸做一个纸杯,学生根据杯子的实际形状,知道要先用长方形的纸折叠一个圆柱体,再用两个圆一个做盖、一个做底。通过情景教学,有利于培养学生的动手能力。

第二节　初中数学情景化学习的意义

一、有助于激发初中生的发散性思维

初中数学知识具有理论性和逻辑性较强的特点,学生在实际展开学习的过程中,只有具备一定三维立体思维能力,才能够对数学知识产生更加深刻的认知。传统以教师为课堂主体的教学模式,不利于对学生三维立体思维能力的培养。在这一过程中,情景教学模式的功能凸显出来。

例如,在描述"垂直"状态时,初中数学教师在实际展开教学活动的过程中,可以将桌椅边角、地面与墙壁之间的垂直等引入课堂,还可以引导学生自主观察与思考,列举出生活中常见的垂直现象等,将生活情景引入课堂,不仅能够帮助学生对相关的数学知识产生深刻认知,更有助于调动学生

的数学思维,对于激发学生的学习积极性、培养学生的发散性思维具有不容忽视的重要作用。

二、有助于提升初中数学课堂教学效率

初中数学知识涉及较多的概念性内容以及数学公式,传统的"填鸭式"教学模式,要求学生被动地进行数学公式以及概念的死记硬背。这不仅很容易导致学生记忆混乱,单一化、枯燥的教学模式还会导致学生产生厌学心理,不利于提升初中数学课堂教学质量和效率。要想弥补这一缺陷,在实际展开教学活动的过程中,教师可以对情景教学法进行充分的应用。一方面将生活情景引入课堂,引导学生对数学知识产生更加真实的理解;另一方面,通过观察情景,学生可以对理论性知识内容产生更加直观的认知,从而提升课堂教学质量。

例如,在勾股定理相关知识的讲解过程中,教师可以创设情景,将桥梁的模型引入初中数学课堂,对其中涉及的勾股定理进行讲解。各种各样的模型能够有效吸引学生注意力,激发学生的学习热情,在欢乐的学习气氛中,学生可以对数学知识产生更加深刻的认知,因此,有效应用情景教学法,对于全面提升初中数学课堂教学质量具有不容忽视的重要作用。

三、有利于提升初中数学课堂教学质量

初中数学相对其他学科而言具有一定的难度,知识呈现出一定的抽象性和理论性。如果教师在授课的过程中不能有效地整合教学内容,创新教学方法,充分地尊重和考虑学情的话,课堂教学的质量肯定会大打折扣。初中生年龄较小,对社会的认知不多,对复杂的理论和事情往往呈现出一定的抗拒。数学知识源于生活问题,只要教师能结合学生的生活实际,从生活化的常识引入数学知识,这样肯定能提升课堂教学的有效性。教学的经验告诉我们,如果能激发学生的学习能动性,巧妙发挥学生的知识迁移能力,学

生的学习成绩和学习效果都会有一定的提升。初中数学当中的很多知识都源于生活，或者与学生的日常生活有着千丝万缕的联系，但是初中数学教材中把一些生活化的知识概括了，显得知识有些抽象和复杂，其实这些理论概念、公式定理的背后就是对日常生活问题的概括和总结。在教学的过程中，教师就可以巧妙地依据生活常识，常设既定的生活化的教学情景。这样一方面可以活跃课堂教学氛围，让学生在熟悉的情景下学习知识，他们也会显得很放松，自然学习的效果也会有所提升；另一方面，可以培养学生的分析和综合能力，让他们构建知识结构，发展他们的知识迁移能力。生活化教学情景的构建实现了知识的完美转化，把复杂抽象的概念性知识转化为了活生生的直观性生活问题，勾勒出"生活画面"，有利于提升教学质量。

四、有利于提升学生学习兴趣

对于初中数学的课堂教学来说，现阶段采取的教学模式也呈现出差异性，形式各种各样。无论采取哪一种教学策略，都需要激发学生的学习兴趣，让学生掌握和运用相关的数学知识。如果在初中数学课堂开展情景教学，教师要认真研究教材，努力钻研数学教材，精心设计教学的情景，并从学生的实际情况出发，把相关的数学内容融入一定的情景中去。传统的初中数学课堂教学往往都是学生在讲台下被动地接受知识，至于教师则是完成课堂的既定教学任务，学生学习到什么程度，对知识掌握程度没有太多的反馈。

新课程下，情景教学极大地改变了这种教学思维，开始关注学生的需求和发展。情景教学最为关键的是创设什么样的情景，而这又与课堂教学内容相关，因为教学内容直接决定和影响着教学情景的设计。有效的课堂应该是师生互动，学生必须参与其中。情景教学的开展需要做好很多前期的准备工作，数学教师一定要用心地去备教材、备教法、备学情，精心设计和创造教学情景,这是开展情景教学的前提与基础。有效的课堂教学并不是教师灌输了多少知识,而是学生习得了多少知识。为此,在开展情景教学的时候教师一定要做好角色的分配,摆正自己的位置,让学生融入教学情景中去,只有这样,学生的学习兴趣和学习欲望才能得到激发,他们的学习主观能动性才能有效地调动起来,进而促进他们的学习效果。

第三节 初中数学情景化学习中存在的问题

一、数学教学情景的创设缺乏新意

初中数学教学要求教师培养学生的自主创新能力,对教师的数学教学情景创设提出了更多的要求。但在初中数学教学工作中,部分教师缺乏独立创设教学情景的能力,因此只能照搬已有的数学情景教学案例。长此以往,初中数学的教学情景创设变得千篇一律,丝毫没有新意,也导致在教学过程中学生的注意力难以集中,初中数学情景教学的效率低下,学生无法有效理解和掌握数学知识。

二、数学教学情景的创设脱离实际

在初中数学教学中开展情景教学的初衷是便于学生理解数学抽象知识,提高数学教学的效率。但在初中数学教学实际工作当中,部分教师却片面追求教学情景的新颖,忽视了创设教学情的最终目的。部分教师的教学情景创设十分有新意,却不实用,甚至早已脱离了学生生活实际,导致学生由于理解能力有限,在上课过程中无法理解数学知识。教师创设教学情景的目的无法实现,之前所做的努力也不见成效,无法达到数学教学目标,还适得其反。

三、数学情景教学与教学效率无法兼顾

在初中数学教学的情景化构建中,需要把抽象、复杂的数学问题,通过

情景创设与实际生活联系起来,化抽象知识为具体、简单的生活问题。而创设初中数学教学情景的最终目的是提高初中数学效率。因此,教师需要重视初中数学教学的有效性,通过教学情景化的构建提高学生对数学知识的理解,在一定程度上提高学生的数学学习效率。但是,在初中数学的情景教学实践中,部分数学教师过度强调课堂情景化,忽视了数学情景化教学的根本目的,错误地认为只要开展数学情景教学,就会提高初中教学效率,从而盲目地追求情景教学,反而忽视了初中数学教学效率问题。

第四节 初中数学情景化学习实践方式

一、故事导入,创设情景

在初中数学教学过程中,函数一直是让师生头疼的一大知识板块,因为函数是抽象复杂的,教师经常说到口干舌燥也没能让学生对函数知识有一个整体印象。教师讲授函数知识时,完全可以借助学生非常熟悉的龟兔赛跑故事进行课堂导入。教师创设故事情景,简要描述龟兔赛跑故事的情节,让学生更加明确地认识到乌龟和兔子所需要走的路程是一个常量,两者在比赛过程中的速度是一个变量,学生需要考虑的是速度与路程之间的关系。而乌龟之所以能够获得冠军,是因为乌龟一直在匀速前进,没有停歇,乌龟的这种情况完全能够与所学的正比例函数吻合。从故事中可以得知,兔子的速度要比乌龟快,在前一阶段兔子一直是遥遥领先的,但是兔子在中途睡觉休息,才使得乌龟获得冠军。而兔子的这种情况,虽然不能完全等同于反比例函数,但兔子运动轨迹的函数与反比例函数相接近。通过故事的情景导入,学生对函数概念在脑海中有一个大概的印象,接下来教师再运用列表法和图像法,继续深入讲解函数的变量和常量之间的关系,让学生能够从直观上看到函数图像,把课本上所讲解的函数特点,对应到图像当中去,强化理性思维逻辑。在学生能够完全理解和掌握函数解析式时,教师再把函数解析式放到实际应用题中去讲解,借助一些生活中的常识性事物,层层递进地剖析每一个函数变量所对应的习题条件,引导学生把已知条件和所求问题联系起来,教给学生分析实际问题的具体方法,让学生从最初的好奇驱动转变为任务型驱动,促使学生积极主动地进行学习。

二、巧设悬念,创设情景

学生在刚进入初中时,就会学习有理数的概念以及分类,这一章节的学习是为后面学习有理数的运算法则打下基础。有理数的概念内容,多数学生学习起来是比较容易的,但是在学习有理数的乘方时,不少学生遇到了瓶颈,不明白有理数的乘方是如何进行计算的。在讲解这一章节内容时,教师可以通过创设问题情景设置悬念,引导学生对问题进行思考,继而有深入学习的欲望。例如,教师可以在讲授章节内容之前,让同学思考一个问题:"一张报纸折叠一次,摞在一起,如此进行反复折叠,那么当报纸折叠多少次时,报纸的厚度能达到教室的高度?"不少学生听到问题立马进行激烈的讨论,学生每天在教室内进行学习,对教室的高度有一定的了解,而报纸的厚度才零点几毫米,两者相差如此之大,要折叠多少次才能达到教室的高度,许多学生对这个问题十分感兴趣。在学生对教师提出的问题进行充分的思考后,教师就可以切入本堂课的教学重点。教师从提出的问题开始分析,报纸折叠一次,会产生两个一模一样的部分,用常见的数字 2 代替,那么折叠一次的结果就是 2×2;若报纸在折叠一次的基础上再折叠一次,也就是前面两个一样的事物分别折叠一次,这样就会形成四个一模一样的,所以报纸折叠两次的结果用数字来表示就是 $2 \times 2 \times 2 \times 2$。把以上的数学关系,用本节课将要学到的有理数乘方进行表示,可以发现报纸的多次折叠是同底数幂的乘方关系。学生通过对具体报纸实物的折叠操作,对有理数乘方有一个初步认识,接下来教师要列出多组数据让学生进行计算,从而让学生发现有理数乘方的运算法则,找到运算规律,完成教学任务。

三、游戏导入,创设情景

不管什么年龄阶段的学生,都对游戏有着天生的兴趣。虽然多数课堂教学仍然是教师讲、学生听的模式,但教师合理运用游戏活动,能够很大程度上调动学生对学习的热情和主动性。在初中概率知识学习时,教师可以通过游戏导入这一章节的数学教学。首先,教师可以制作一个箱子和多个不同颜色的小彩球,挑选个别学生从箱子里摸出自己想要的小彩球。在第一轮游戏中,教师把所有红色的小彩球全部放到箱子里,这时学生摸出的小彩球一定是红色的,这在概率学中被称为必然事件。在一堆红色小球里,学生是不可能摸出绿色彩球的,该类事件被称为不可能事件。若把多种颜色的彩球全部放到箱子里,学生摸到哪种颜色的彩球都有可能,被称为随机事件。学生通过有趣的游戏活动,对概率知识有初步的了解,切身体会到事件发生的概率,能够明确区分事件类型。接下来,教师可以讲解列表法和树状图法,让学生自己动手写出所有可能发生的事件并计算事件发生的概率。借助游戏导入情景,能够让学生更加快速地学习和掌握数学知识,推动数学教学进程。

四、增加条件,创设情景

每一位教师都有自己的职业操守,通常会在课堂教学之前设计相应的教学方案和教学活动,以此明确课堂教学的流程,确保数学教学的科目进程。由于种种外界因素的影响,实际的课堂教学不会完全按照教师拟定的教学方案来进行,需要教师根据班级学生的学习状况,对方案计划进行合理调整。当教师抛出一个数学难题时,基础薄弱的学生没有办法回答出问题的正确答案,有的成绩较好的学生害怕所回答的问题有所疏漏,不敢举手发言。面对这样比较尴尬的课堂教学氛围,教师需要抛出一个与之前问题相近的简单问题,灵活地转移话题,活跃课堂气氛,让学生有话可说,并且对学生的回答,做出及时有效的反馈,引导学生对问题进行深入思考,从而使得课堂教学活动顺利开展。数学课堂教学不应当是教师自己的主场,教师不能只顾一味地讲解数学知识,而要落实学生的学习主体地位,在学生进入学习疲劳期时,要增加条件,创设教学情景,通过无伤大雅的玩笑或者提问个别同学,把学生的注意力及时拉回到课堂教学上。

五、动画导入,创设情景

随着科学技术的迅速发展,越来越多的电子设备应用到课堂教学中,在普通学校最为常见的是多媒体教学设备。教师应当整合配置现有的教学资源,利用多媒体等教学设备,来辅助数学难点知识的讲述,可以通过设备播放相关的动画课件,抓住学生的眼球,调动学生的视觉和听觉,让学生更加直观地看到课程内容。例如,教师在讲解考试热点轴对称图形时,可以利用电脑设计完成图形的变化过程,把动画课件借助多媒体设备投影到大屏幕上,让一些图形立体感和想象力较差的学生,能够看到图形是如何根据虚拟的轴进行对应重合的,并把每一个对应点都用数学符号标记出来,让学生能够从动画中观察到图形变换前后的位置关系,以便学生能够用数理思维对所学到的知识进行整合归纳。此外,在讲解全等三角形的判定时,由于黑板的空间有限,若教师一直在原图形上进行标记,学生对图形标记的记忆会变得混乱,这时可以借助动画,让学生根据所给题目条件,一步一步对应到图形上的数学标记。教师利用动画软件进行课堂导入,符合初中生现阶段的身心认知水平,能够激发学生对动画视频的兴趣,再根据教师的思路引导,对课堂问题进行深入思考。这些寓教于乐的教学活动,能够让学生处于一个较为轻松的学习环境,放下身心戒备,把注意力集中到课堂学习上,从而取得较好的教学成果。

六、学科融合，创设情景

新课程改革背景下，数学学习不再是单纯的数字游戏，已经发展成跨学科、联系实际的综合性科学。数学学科已经和其他学科如语文、英语、物理、化学、科学等学科产生了深刻的联系，因此，可以在数学教学过程中创设融合其他学科的问题情景，使教学更加有效。数学教师在创设问题情景的过程中，可以利用多媒体播放一段学生喜欢的有关科学实验的动画，可以播放一些动人的音乐、优美的画面，异国风情也已经不再是英语课的专利，通过这些学科的整合，学生可以感觉到学习数学已经不再是枯燥无味的，而是五彩缤纷、精彩万分的。例如，在学习用字母表示数这个知识点时，教师可以用儿歌"一只青蛙一张嘴，两只眼睛四条腿，扑通一声跳下水；两只青蛙两张嘴，四只眼睛八条腿，扑通、扑通跳下水……"导入，然后创设问题："根据上面的儿歌：（1）如果有很多青蛙的话，这首儿歌该怎么唱呢？（2）如果把青蛙数量用字母 n 来表示，那么这首儿歌又该怎么唱呢？"通过优美的画面、动听的音乐以及可爱的动画，学生不知不觉走入数学殿堂，并体现了语文和数学知识的结合。

七、根据教材创设适当的教学情景

在初中数学课堂教学中，部分教师一上课就将抽象的数学公式理论搬出来，抑或让学生直接进入教学实战环节，看完习题就做题。教师这样的做法，没有考虑到学生的认知能力和接受能力，更没有给予学生足够的时间、空间进行思考，导致学生对数学产生抵触情绪，逐渐失去学习数学的兴趣。在实际的数学教学过程中，教师要善于根据学生学习发展的情况和接受知识的能力水平，结合学生的已有认知经验，创设有效的情景教学，将适当的数学教学内容完美地呈现给学生，由简入繁，由浅入深，帮助学生理解抽象的数学知识,并且教师在教学过程中要给学生留有一定的空间,让学生独立思考、探索、分析,帮助学生获得更多的数学知识。比如,在教学"圆的面积"时,教师可以先讲解有关圆形面积的公式,即 $S_{圆} = \pi r^2$。教师再根据学生的生活经验创设生活化的情景,让学生自主发现生活中有关圆的数学问题,让学生感受数学的实用性。如,可以向学生提出"在一个半径是 1.6 m 的圆形浴室中铺设正方形的地砖,正方形地砖的边长是 50 cm,那么能铺设多少块儿地砖?"让学生用数学知识解决现实生活中的问题,既加强了数学和生活的联系,提高了学生学习数学的兴趣,又逐渐在此过程中巩固了学生原有的知识,获得了新知识、新能力,还培养了学生的逻辑思维能力和创新思维能力,达到良好的教学效果。

八、结合实际教学案例,引导学生认清情景化教学的内涵

数学知识总体上来说是比较理性化的内容,在生活中的应用也更偏向于自然性的一些现状和问题,但是初中阶段的学生在当下的状态较为热情、情感化,因而在关于的数学知识教学问题上,教师选择情景化的教学手段更能引起学生的共鸣和学习兴趣。但教师在教学前需要明白情景化的数学知识教学手段并不是无所顾忌、感性化的教学,而是根据具体的数学知识和教学内容,挑选一些更贴近学生生活、属于学生理解范畴内生活中的数学问题案例,在教学过程中指引学生正确地认识数学知识、生活中的数学问题和数学知识情景化教学含义。

例如,在"弧长和扇形面积"一课的数学知识点教学过程中,教师可以根据生活中常见的一些扇形相关的物品引出该堂课的教学点,引导学生将自身代入扇形物品的构建中,准备一些相关的小道具带领学生上手操作,让学生在动手过程中学会弧长公式和扇形面积公式,指引学生探究弧长公式和扇形面积公式的具体推导过程,让学生掌握并能熟练地运用弧长公式和

扇形面积公式,利用真实的情景教学引导学生真正地认识数学的情景化教学方法,掌握和运用数学知识解决生活中的实际问题。

九、优化情景化教学方案,增添数学知识教学的趣味性

在很多教师的观念中,情景化的数学知识教学措施,大都是教师在知识点讲授过程中偶尔说一个自认为幽默好笑的、和数学有关的笑话之类的,其实在数学知识的情景化教学措施上还有很多的施展空间,如利用多媒体教学设备准备幽默、形象、生动、实用性强的数学小动画教学课件,调动学生的好奇心和课堂教学氛围,设计教师与学生互调身份的课堂游戏,让学生集中注意力参与到数学知识教学当中,减少纯理论化的数学知识点讲解,为学生留出更多的独自思索、探讨空间。

例如,在"反比例函数"一课的讲授时,教师可以从"京沪铁路全程为1 463 km,某次列车的平均速度为 v(km/h),求此次列车的全程运行时间 t(h)"这个实际问题出发,探索数量关系变化的过程,然后让学生分组讨论,举出生活当中类似的例子,抽象出反比例函数这一数学概念,调动起学生的学习热情,集中学生的课堂注意力,再让学生担任数学知识讲解这一角色,向教师传递、分享相关的数学知识,激发学生的学习责任心和主观能动性,给学生留出独立思考、和同学交流与讨论的时间和空间,提升学生对数学知识学习的积极性和数学知识教学的趣味性。

十、联系生活现状,突出数学情景化教学的实际意义

数学本就是一门实用性强、逻辑性强,可用于探究、解决社会和自然问题的学科,教师在教学的过程中当然也应该联系生活现状、社会问题和具体的数学知识制定相应的数学知识教学课件,引导学生在生活、学习两两结合的教学环境和教学措施中探究数学知识的核心内容,在新奇、趣味性满满的情景化数学知识教学中巩固、提升数学技能,找准学习中自身的定位和对数

学知识运用的定位与含义,强化学生的数学思维和数学知识学习能力。

例如,在"解直角三角形及其应用"一课的数学知识点教导过程中,教师可以先让学生课下观察生活,记录下生活中有关直角三角形的一些数学问题,找出直角三角形中各元素之间的关系并解决问题,在趣味性和实用性十足的数学知识探究中,帮助学生更好、更快地提升数学的逻辑思维。

十一、开展"动态"情景教学

要想提高初中数学教学效率,解决情景教学中存在的问题,教师需要积极创新,不断总结教学经验,探索更多数学情景教学方式。数学起源于生活,数学知识也与生活息息相关,并且数学知识最终也需要运用在实际生活当中。因此,初中数学教师在进行情景创设时,需要牢牢把握初中数学的生活化特点,创设具有丰富内容的初中数学课堂,以形象化、多样化的情景创设为基础,开展"动态"的情景教学,有效锻炼初中学生的数学运用能力。除此之外,教师还可以利用课堂操作教学增加师生之间的交流互动,有效实现初中的课堂教学目标。具体有以下几种方式。

第一,可以增加初中数学的操作性情景课堂环节,提高学生对初中数学教学课堂的参与性。"纸上得来终觉浅,绝知此事要躬行。"要想提高学生对初中数学知识的理解与记忆,必须让学生进行实践操作。教师在教学中创设教学情景时,应致力于提高学生听课的效率。除此之外,初中数学教学非常注重培养学生的计算能力以及运用能力。初中数学教师在进行情景教学时需要高度重视培养学生的实践能力,例如在进行"三角形"一章的内容教学时,教师可以提前让学生准备好木棒或者塑料棒等工具,在讲解锐角三角形、直角三角形、钝角三角形时,让学生取出三根摆成三角形,结合不同三角形的特点,观察并判断自己摆的三角形属于哪一种三角形,加深学生对知识的理解和记忆,让学生通过实际操作提高动手能力,培养自主探究的习惯。

第二，在初中数学情景教学中开展数学竞赛活动，让学生在情景教学课堂中进行合作，开展竞争，活跃初中数学情景教学的课堂氛围。初中数学教师需要在情景教学中结合数学竞赛活动，要求学生在特定情景下展开数学运算竞赛，通过创设数学课堂竞赛活动，激发初中学生的数学学习动力，同时不断增强学生的自信心，从而更加高效地完成初中数学教学目标。此外，初中数学教师还可以在课堂上开展数学竞答活动，布置需要共同合作完成的数学作业，通过竞争与合作激发学生的思维创新能力。

十二、丰富初中数学情景教学内容

丰富数学情景教学的内容是提高初中数学情景教学效率的有效措施，能不断促进数学课堂教学的创新发展，促进学生数学能力的提升。因此初中数学教师需要在教学过程中不断积累教学经验，同时进行大胆尝试探索，不断完善初中数学情景教学内容，促进初中数学教学发展。

第一，教师可以在课堂教学中进行生活化教学课堂的设计，根据数学教学内容中的问题，联合实际，将生活中常见的东西加入数学情景教学中，让学生切实地感受到生活与数学的联系，充分发挥自己的想象力并理解和记忆数学知识，提升学习数学的自信心。同时，还可以让学生亲身体验实际生活中可能遇到的数学问题，根据数学知识解决数学问题，培养学生用数学的思维进行探究的习惯，激发学生对于数学研究的兴趣，让学生能自主运用数学知识解决问题。

第二，在初中数学情景教学中设计任务化的教学课堂，教师可以在丰富数学教学情景内容的基础上，以任务考核的方式进行情景化教学，提高学生的积极性。在情景教学开始前，教师可以根据数学内容进行合理规划，布置数学学习任务，同时根据学生的数学基础和学习能力调整任务难度。例如进行"正方形"一课的教学时,教师可以布置任务,让学生预习课本,回家观察家里都有哪些正方形的东西,在此基础上总结正方形的特点,第二天教师再以提问的方式进行检验考核。

十三、运用数学故事、数学典故创设教学情景

为保证更好地开展教学计划,在课堂上吸引学生的注意力,教师可以在课前引入趣味故事情景,让学生有身临其境的体验,而不是在课堂上当一个"局外人"。教学过程中的主体是学生,教师不能将自身的客体性、辅助性与学生的主体性本末倒置,要形成以学生为主、教师为辅的教学结构,将学生带入实际生活的情景中,让学生做到在情景中抓住问题线索,激发学生学习数学的兴趣,挖掘学生自主学习的潜能,将学生对未知的恐惧化为对新知的渴望。

在生活中有许多数学故事和数学典故,初中数学教师可以对其进行有效利用,发挥其在教学情景创设中的独特作用,激发学生的数学学习兴趣。例如,在进行"勾股定理"一课的教学时,教师就可以引用《九章算术》知识,拓宽学生的视野,增加初中数学情景教学的趣味性。

在"生活中的立体图形"这一节中,按照传统的教学模式,教师普遍的教学方式就是在黑板上手绘出各种立体图形的框架,并将图形与名称相对应,学生能否真正理解和记忆,教师就全然不知了。这种枯燥且呆板的教学方式在现代教学中是不被提倡甚至要被淘汰的,不管是对于教师还是学生,这种教学模式都是有百害而无一利的。教师可以将学生带入日常生活的某一情景,比如当时教室的环境,引导学生找到周围有哪些物体是立体图形,有哪些物体是组合成的立体图形,这些立体图形又都由哪些立体图形组合而成。不仅如此,学生还可以联想到外界又有哪些与之相关的立体图形,形成环环相扣的教学模式。利用情景教学将教材中的知识点与实际生活串联

起来,不仅激发了学生的学习兴趣,也加强了学生对于新知识的记忆。

第五节　小结

情景化教学具有诸多优点,已经引起大家的广泛关注,也已在数学教学中得到了一定程度的运用。它要求广大数学教师要认真研究生活和数学的关系,不断钻研用数学方法解决实际问题的能力,同时让学生积累一定的生活经验,由此才能不断提高情景化教学的效果。教师还可以借助游戏竞赛情景,让一些枯燥的计算课变得有趣。数学课堂教学是一个系统工程,培养学生的能力是最终目的,创设问题情景只是一个手段。创设问题情景的方法也不仅这几种,需要教师不断地探索和丰富自身知识,需要教师对生活的热爱和对教育的热情。

总而言之,在初中数学教学中,教师应积极开展情景教学。对此,可通过开展问题情景、多媒体情景以及故事情景等方式,来促进学生有效学习数学知识,提高学生数学学习水平,使学生对数学学习产生热爱之情,更好地提升学生在数学学习中的主动性,使初中数学教学的质量快速提高。

第七章

新课程理念下初中数学作业设计

第一节　初中数学作业设计的方法

经过对传统作业设计的思考与分析,结合新课程标准中对学生培养的新要求,笔者做出以下几点关于初中数学作业设计的思考。

一、数学作业分层设计

在实际的教学中,数学教师可以根据学生的数学知识基础以及学习情况将学生分组,然后分配难易不同以及数量不同的作业内容,以达到更加全面的教学效果。例如,在学习平面几何这部分内容之后,教师便可以按照分层原则来进行作业的安排。首先在课上学习中,教师要根据学生的表现,根据学生对这部分内容的基础掌握和课上习题的结果与表现,将学生大致分成 A、B、C 三组。课后作业的数量,C 组最多,B 组、A 组依次减少。在作业难度方面,A 组最难,B 组、C 组难度依次降低。但是上述方法也不是一定要遵循,可以根据情况有所变化。

二、科学把握作业量以及作业难度

数学作业的布置对于学生对知识的掌握起着决定性的作用。如果数学作业布置得太少,无疑学生对知识的掌握得不到良好的锻炼。如果作业布

置过量,会给学生带来较大的学习压力,挤占学生较多的课余时间,学生必定会急急忙忙地去完成作业,作业完成的质量便得不到良好的保证。同时,学生在压抑的环境下,学习效率也就无从谈起了。教师除了要对作业量进行良好的把握,对作业的难度也要进行科学的控制,如果题型过于简单,学生得不到知识的巩固;如果题型太难,学生不但浪费了大量的时间,学习效果也不好。

通过上述分析可知,作业量以及作业难度都需要教师进行科学的控制与管理。教师可以根据学生课上的表现来确定作业的布置情况。例如,教师在课上的提问如果有较多的学生不能很好地回答出来,或没有很多的学生积极响应,教师可以酌情增加作业的数量,但是难度不能太大,要做到循序渐进。同时也可以充分考虑上述分层设计方法,在科学管理作业布置的前提下进行分层作业设计,以达到最好的作业布置效果。

三、作业设计的核心要点

作业设计以问题为导向,是基于现实世界的以学生为中心的教育方式,是在教师的引导下,"以学生为中心,以问题为基础",学生围绕问题独立收集资料,发现问题、解决问题,培养学生自主学习能力和创新能力的教学模式。

作业设计教学法与传统的以学科为基础的教学法有很大不同,作业设计强调以学生主动学习和发现问题为主,而不是传统教学中的以教师讲授为主。作业设计教学法在教学过程中的运用要遵从以下几点原则:

第一,问题导向。教学问题贯穿教学的整个过程,教师提出问题,学生带着问题去学习课堂内容,并在学习的过程中找到问题的答案,最终得出问题的结果。问题导向能够让整个学习过程变得更加具有方向性和目的性。

第二,以学生为中心。整个教学过程都是围绕着学生展开的,以学生为中心,重视发挥学生在学习过程中的积极性和主动性,引导学生主动探索知识。以学生为中心的教学思路,让学生掌握了学习的主动权,从而有利于提升学习效果和优化学习质量。

第三,重视学生学习能力的培养。知识的传授是教学的一部分,而能力的培养才是教学的关键。作业设计教学法重在培养学生独立自主学习的能力,要求学生在学习的过程中,掌握知识获取的方法和技巧,获得独立自主学习的能力。

第二节　初中数学作业设计的意义

一、实现数学核心素养培养的目的

实现数学核心素养培养的目的,是新课程标准下初中数学作业优化设计的首要意义。初中数学核心素养主要包括数学抽象、逻辑推理、数学建模、直观想象、数学运算和数据分析。

第一,数学抽象是指通过对数量关系与空间形式的抽象,得到数学研究对象的素养,主要包括从数量与数量关系、图形与图形关系中抽象出数学概念及概念之间的关系,从事物的具体背景中抽象出一般规律和结构,并用数学语言予以表征。数学抽象是数学的基本思想,是形成理性思维的重要基础,反映了数学的本质特征,贯穿在数学产生、发展、应用的过程中。数学抽象使得数学成为高度概括、表达准确、结论一般、有序多级的系统。

第二,逻辑推理是指从一些事实和命题出发,依据规则推出其他命题的素养。逻辑推理主要包括两类:一类是从特殊到一般的推理,推理形式主要有归纳、类比;另一类是从一般到特殊的推理,推理形式主要有演绎。逻辑推理素养主要表现为掌握推理基本形式和规则、发现问题和提出命题、探索和表述论证过程、理解命题体系、有逻辑地表达与交流。

第三，数学建模是对现实问题进行数学抽象，用数学语言表达问题、用数学方法构建模型解决问题的素养。数学建模过程主要包括在实际情境中从数学的视角发现问题、提出问题，分析问题、建立模型，确定参数、计算求解，检验结果、改进模型，最终解决实际问题。数学模型搭建了数学与外部世界联系的桥梁，是数学应用的重要形式。数学建模是应用数学解决实际问题的基本手段，也是推动数学发展的动力。

第四，直观想象是指借助几何直观和空间想象感知事物的形态与变化，利用空间形式特别是图形，理解和解决数学问题的素养。直观想象素养主要包括借助空间形式认识事物的位置关系、形态变化与运动规律；利用图形描述、分析数学问题；建立形与数的联系，构建数学问题的直观模型，探索解决问题的思路。

第五，数学运算和数据分析是指在明晰运算对象的基础上，依据运算法则解决数学问题的素养，主要包括理解运算对象、掌握运算法则、探究运算思路、选择运算方法、设计运算程序、求得运算结果等。

新课程标准背景下优化初中数学作业设计，能够实现数学核心素养培养的目的。例如，教师可以设计小组合作作业，学生为了高质量完成作业任务，在小组合作过程中进行充分的交流，从而扩展了学生的数学思维，增强了学生对于作业内容的理解，帮助学生实现了数学知识体系的巩固。久而久之，通过各种形式的作业设计，学生的各项数学综合素养得到了全面培养，学生的数学综合能力得到了全面提升。

二、提高数学作业的实际价值

提高数学作业的实际价值，这是新课程标准下初中数学作业设计的第二个意义。数学作业的实际价值主要表现为三个方面：第一，实现知识体系巩固。数学基本知识体系是学生学习初中数学的基础，也是检验学生数学学习是否过关的基本标准。基本知识体系主要指教学大纲规定需要掌握的知识点。经过优化设计的初中数学作业能够帮助学生完成教学大纲的要求，完成基础的学习任务。第二，实现知识体系灵活运用。数学是一门与生活息息相关的学科，很多内容都是生活现象的体现。经过优化设计的初中数学作业，安排了更多生活化的作业任务，能够让学生结合生活实际去完成数学作业，从而提高了学生数学知识的应用能力。第三，培养学生的兴趣和好奇心。兴趣是学习的动力，好奇心是学习的求知欲来源。初中生只有对数学学习充满兴趣和好奇心，才能更加有动力地不断探索数学世界。传统的初中数学作业设计形式单一、内容枯燥，容易使学生产生作业负担和疲惫心理。在新课程标准背景下优化数学作业设计，能够让学生感受到数学学习的乐趣，并且逐步培养学生对于数学学习的兴趣和好奇心。

三、落实数学教学提质减负的任务

落实数学教学提质减负的任务，是新课程标准下初中数学作业设计的第三个价值。随着"双减"政策的推进，实现提质减负也成为初中数学作业设计的重要目标。初中数学作业提质减负要求减少数学课后作业量，提高作业的质量。通过优化数学作业设计，能够实现这一目的。主要表现为：第一，机械性的大面积作业形式被淘汰。传统数学作业设计往往都是为学生安排大篇幅的课后作业练习，作业负担相对比较重，占用了学生过多的学习时间，让学生被繁重的数学作业限制，从而失去了自由思考的时间。传统数学作业设计中有很多无效的作业内容，浪费了学生大量的学习时间。而新课程标准下优化数学作业设计，抛弃传统无差别、大篇幅作业设计的形式，为学生安排分层次、有针对性的作业，能够满足不同学生学习需求，从而减轻作业负担，提高作业的质量。第二，形式多样化的作业成为主流。优化的初中数学作业设计包括生活化作业、实践性作业、任务项目作业、游戏化作业、信息化作业等新型作业形式,丰富了数学作业完成的方式,同时扩展了数学作业安排的内容,能够帮助学生实现知识的灵活应用,扩展学生的数学思维,从而提高初中数学作业的质量。

第三节　初中数学作业设计中存在的问题

从当下初中数学作业设计的状况来看,数学作业设计中存在众多问题,降低了数学作业设计的质量,导致学生对数学学习失去兴趣。主要问题表现为以下几个方面。

一、作业设计呈现"一刀切",忽视学生能力差异

作业设计呈现"一刀切",忽视学生能力差异,是初中数学作业设计目前存在的首要问题。由于学生个人理解能力、数学基础功底、数学学习兴趣等各不相同,导致学生之间存在个体差异,出现了数学学习层次上的差异。不同学习层次的学生学习的需求以及作业安排的需求各不相同,学优生希望能够完成具有挑战性的作业,中等生希望能够完成略有难度的作业,学困生希望能够完成基础性作业。从当下初中数学作业设计的现状来看,大多数数学教师并没有进行分层作业设计,而是安排统一化的作业。这导致学优生觉得作业内容过于简单、缺乏挑战性,从而降低了完成作业的兴趣;中等生觉得作业内容难度层次长期不变,从而降低了完成作业的积极性;学困生觉得作业内容过于难,写作业过程中会遇到各种困难,从而对于完成作业失去信心。

由此可以看出,"一刀切"的数学作业设计导致不同学习层次的学生被安排完成同样的作业任务,不利于消除学生间数学学习的层次差异,不利于解决学生学习过程中的需求以及痛点,这是初中数学作业设计需要尽快解决的问题。

二、作业设计缺乏趣味性,费时低效

作业设计缺乏趣味性,费时低效,是初中数学作业设计目前存在的第二个问题。初中阶段的学生处于青少年时期,喜欢新鲜有趣的事物,好奇心和探索欲望比较重。因此,对于初中学生而言,数学作业设计越是生动有趣,就越能够激发学生完成作业的动力。然而,从目前初中数学作业设计的现状来看,趣味性不足,主要表现为:

第一,作业形势比较单一。大多数情况下,初中数学教师都会给学生安排书面作业,要求学生完成数学习题册的内容或者数学试卷。纸面作业安排的形式,逐渐让学生失去数学学习的兴趣,并且觉得学习数学是一种负担,对于数学课下作业产生抵抗以及厌倦心理,从而完成作业过程中会出现应付的现象。

第二,作业设计缺乏互动性。从当前数学作业设计的现状来看,大部分数学作业的任务都是要求学生独自完成,要求学生独自思考并给出答案。但是数学实际上于生活密切相关,数学学习中的很多内容没有固定的答案,需要扩展思维去思考和讨论。然而,当下数学作业在设计过程中,并没有给予学生充分交流和互相沟通的机会,限制了学生数学作业完成过程中的思考,降低了数学作业的价值。

第三,作业布置存在着严重的封闭性。当前数学作业设计的另一较大的问题就是存在严重的封闭性,作业内容被局限在一个很小的范围内,不能满足新课标中对学生各项能力培养提高的要求。

由此可以看出,数学作业设计由于趣味性不足,导致学生在完成数学作业过程中耗费了大量的时间,却没有达到应有的效果。因此,改变初中数学作业设计费时低效的现状,是当下初中数学作业设计必须解决的问题。

三、作业设计实践性不足,事倍功半

作业设计实践性不足,事倍功半,是当下初中数学作业设计存在的第三个问题。数学源于生活,也应用于生活。初中数学教学应该强调生活性,强调数学教学与生活场景的结合,将数学知识运用于生活实际,解决生活问题。但是从目前初中数学作业设计的现状来看,数学作业设计实践性不足,并没有实现与生活紧密结合。主要表现为:

第一,初中数学作业设计主要目的是应付考试。当下,大部分初中数学作业的内容都是按照应试考试的基本要求设计的。这导致学生对于数学的理解仅仅限制于应付考试。长此以往,学生数学学习的思维就会固化,不利于数学核心素养的培养。

第二,数学作业设计没有给学生实践动手的机会。很多数学问题都需要从生活中寻找答案,都需要结合生活场景去思考。但是当下数学作业设计主要要求学生结合课本知识以及作业题目去思考答案,导致学生在数学学习过程中缺乏对生活的思考。

第四节　初中数学作业设计实践方式

初中数学作业设计是初中数学的重要环节,对于提高学生学习质量具有重要的意义。因此,初中数学教师一定要重点关注作业设计环节,明确作业设计的方案和规划,提高作业设计的质量。

一、尊重学生个体差异,设计分层作业

分层设计初中数学作业,能够满足不同学习层次的学生对于数学作业内容以及难度的需求,解决不同学习层次的学生数学学习中的痛点和难点,逐步实现消除学生间层次差异。分层设计初中数学作业,可以通过以下方式来实现。

首先,根据学生的数学综合学习情况,将班级内的学生划分为三个不同的学习层次。其中,A层次的学生数学学习情况整体良好,并且基本功相对比较扎实,能够接受难度较大的数学作业内容。B层次的学生数学学习情况整体相对不错,数学基本功处于中等水平,能够接受具有一定难度的数学作业内容。C层次的学生数学学习成绩相对较差,基本功相对比较差,通常情况下只能接受难度一般的数学作业内容。

其次,针对不同学习层次的学生安排不同的数学作业。针对A层次的学生,数学教师可以安排习题册中拓展性作业,重点让学生完成具有挑战性的数学作业,帮助学生实现数学综合素质的提升。具有挑战性的数学作业内容,能够激发这部分学生的挑战欲望,从而提高学生完成数学作业的积极性。针对B层次的学生,数学教师可以为学生安排习题册中一部分扩展性作业以及一部分基础性作业。拓展性作业与基础性作业的占比可以按照3:7的比例。对于B层次的学生而言,这一作业安排既能够帮助他们巩固基础数学知识,夯实数学学习的功底,又能拓展他们的数学学习能力,逐步实现成绩的提升。对于C层次的学生而言,数学教师可以为他们安排习题册中基础性的作业,帮助学生掌握基础数学知识。相对比较简单的数学作业内容,基础性的作业既不会让他们产生心理负担,又能够帮助他们树立数学学习的信心,有利于逐步帮助学生提升数学成绩。

二、设计形式多样作业,提高学习兴趣

设计形式多样作业,提高学习兴趣,是新课标视角下优化初中数学作业设计的第二条实现路径。作业设计的形式要与作业设计的内容相匹配,根据不同的作业内容确定不同的作业形式,从而提高数学作业设计的有效性,激发学生完成数学作业的兴趣。数学作业设计的形式包括生活化作业、实践性作业、信息化作业、小组合作作业、任务项目作业、游戏化作业、情景化

作业等多种形式。

三、注重实践性作业设计，争取事半功倍

注重实践性作业设计，争取事半功倍，是新课标视角下优化初中数学作业设计的第三条实现路径。实践性作业要求学生到生活中观察数学，从生活中获得数学学习灵感，结合生活场景去寻找数学答案。因此，初中数学作业设计务必要引导学生结合生活实际去思考，或者带领学生共同观察生活场景。通过实践的方式完成数学作业，能够让学生在过程中获得全新的感受，从而提高数学作业完成的质量，获得事半功倍的效果。

四、落实作业设计"九点"，提高作业设计质量

（1）科学性。作业的内容要符合学生的身心发展规律，符合学生掌握学科知识、发展学科能力的规律，题目的编写甚至排列都要符合学生的认知特点，题目的内涵及表述要做到科学、准确。例如，讲完每节课后，教师需要预留一些与本节知识点有关的试题，用于对知识的理解和巩固。如果教师在作业形式上没有站在学生的角度来精心设计，很难让作业起到巩固知识的作用。

（2）针对性。作业能体现教学内容的层次，适合思维能力不同的学生。教师要针对教材和学生实际，精心设计作业。如果设计的作业不符合学生实际能力和需要，或太难，或太深，学生的兴趣和情绪就受到影响。困难性作业应是学生在熟练掌握"双基"（基础知识和基本技能）的前提下能胜任的，且要考虑多数同学的适应性。

（3）多样性。作业设计应遵循多样性原则，既要有书面的，也要有口头的；既要有用脑思考的，也要有观察和动手操作的；既要有数学活动，又要与其他学科联系融合在一起；既可以有独立完成的，也可以由小组合作完成；既可以是教师提问，也可以学生写"疑问"，把自己的疑问通过作业传递给

教师。

（4）差异性。班级授课形式下，由于各种原因，学生学习水平会有所不同，因材施教、区别对待则可缩小这种差距。当然，它需要贯穿于教学工作的每一个环节，作业设计也不例外。可据学生水平分组布置作业。按差异性原则因材施教，行之有效。但须注意，不能因此走入降低教学标准的误区。

（5）趣味性。根据教育心理学，兴趣是一种带有情绪色彩的认识倾向，是一种自觉的动机，是对所从事活动具有创造性态度的重要条件。良好的学习兴趣是学习活动的自觉动力。因此，多选择、编辑一些有趣味性的数学题目，能够很好地调动学生学习数学的积极性。

（6）目的性。作业要体现数学课程的总目标、教学单元目标、课堂教学应达到的教学目标，学生通过练习能进一步巩固知识，使思维能力得到进一步发展。对学习难度较大的内容，教师设计作业时应侧重把握重点、突破难点。对学生易接受、知识连贯性强的内容，宜设计有关开发智力、提高思维力的作业。

（7）重现性。对于有代表性、典型性、关键性的作业，不要认为学生做过就过关，必须有目的、有计划地安排一定程度的重现性作业，保证学生获得牢固的知识和熟练的技能。但要注意重现不等同于机械重复，要注意作业数量适当、难易适度，让学生能完成。

（8）开放性。作业要有一定的开放性，要让学生有自我发挥的余地。可根据学生的数学知识、数学技能和能力，结合教材适当设计一些探索性作业，引导并鼓励学生提出问题，寻找伙伴完成研究性作业。

（9）拓展型。拓展型作业是一种激发创造性思维的作业，是教师提供一些问题，让学生运用发散性思维去思考，产生不同答案的作业。它具有多样性、启发性、挑战性、完美性及适应性的特点。教师只有在作业设计时注重开发和拓展,才能为学生提供展示才能的空间,才能为培养学生的创造力提供良好的载体。

最后,作业设计要遵循"义务教育阶段的数学课程要面向全体学生,适应学生个性发展的需要,使得人人都能获得良好的数学教育,不同的人在数学上得到不同的发展"这一理念。同时,数学作业设计要激发学生兴趣,调动学生积极性,引发学生思考;注重培养学生良好的学习习惯、掌握有效的学习方法。

五、走出"题海战",增强趣味性因素

学生作业练习的过程是一个情感体验的过程,机械重复的"题海战"只会使学生感到苦不堪言,丧失学习的热情。

趣味性因素涉及的面非常广泛,它可以是给学生创设一个有趣的情境,设计一道有趣的题目,利用现代化教学手段等;也可以是教师恰到好处的一句妙语、幽默风趣的评价、优美的板书等。

例如,在学习一元一次方程解应用题的行程问题时,可以把全班同学带到操场上。将同学们分成两组分别进行两种形式的比赛。一是每组选出两名同学,绕操场背向而行,看哪组的同学能衔接上。二是每组选出两名同学,绕操场同向而行,看哪组的同学最先到达原位。之后找出两种比赛形式中的路程、时间、速度之间的关系。

又如,就练习中经常出现的填空、判断、选择、应用题等题型来说,如果给这些"老面孔"加以"美容",把呆板枯燥的题目名称改写为体现人文关怀的导语,如选择题改为"反复比较,慎重选择",连线题改为"手拉手"或"最佳搭档",应用题改为"活用知识,解决问题",增加问题表述的亲和力,学生自然会感到轻松、有趣、充满自信。在课上若能恰当地采用讲故事、猜谜语、做游戏、比赛等形式,则更容易调动他们学习的积极性。

六、突破封闭,设计开放情境

开放题内容丰富、题型多样、背景广阔,贴近学生生活空间。题型有文字、表格、图画、对话等,不像封闭性习题形式单一呈现,它凸显着作业的思维度,让学生经历问题思维的过程。拓展思维空间,伸展思维触角是开放性作业题的亮点。

然而"开放"并不是设计一两道难题就可以了,可以课前开放,让学生搜集数学信息,为准备性练习做好铺垫,也可以课中开放,针对形成性练习和巩固性练习,从条件不完整、问题不完备、答案不唯一、解题策略不统一等方面来设计,还可以课后开放、迁移拓展。传统的封闭式教学是把所有问题解决在课内,而开放式教学则提倡把问题带出课外,带向生活,带向家庭,带向社会,把所学知识运用到生活中,是学习数学的最终目的。

七、走进生活,体现生活数学

生活是一个大课堂,蕴含着丰富鲜活的课程资源。学习无处不在,无时不有,它源于生活,寓于生活,又用于生活。我们要让学生从来自生活的数学事例中体验到数学的乐趣。我们可以通过作业,把学生引向家庭,引向社会,引向生活,布置生活层面的计算、调查、观察、统筹、优选等实践作业。

例如对于"整式的乘法"这一教学内容,可以设计"我将要迁新居,家里的住房结构如图,现在我打算把卧室和客厅铺上木地板,请你算一算,我至少需要买多少平方米的地板?"这一问题。

把数学作业与学生的生活经验结合起来,既让学生对所涉及的数学知识有了更深刻的认识,又能体现出数学的应用价值。

八、点拨思想方法,提高数学素养

数学思想是数学的灵魂,数学方法是数学的行为,它们是数学素养的重要内容之一。纵观整个初中阶段的教材,可以找到一明一暗两条主线,一条是数学知识,这是写在教材上的明线,另一条是数学思想方法,它是一条暗线。前者容易理解,后者不宜看明。在练习环节中,如果教师能有效地引导学生经历知识形成的过程,让他们看到知识背后负载的方法、蕴含的思想,并注意结合具体环节点拨学生领悟这些思想,那么他们的能力将会实现质的飞跃。教学中普遍应用的思想方法有很多,如数形结合的思想、分类的思想、化归的思想、方程的思想、整体代入的思想、类比的思想和函数的思想。

九、演绎问题,参与数学创意实践

演绎数学问题,进行创意活动是思维发展的高层次。在义务教育阶段开始培养学生的创新意识有利于他们将来创造能力的发挥。学生在对具体对象的问题设计中能体会到学习的快乐和成就感,创造性问题的设计能使学生的数学知识达到融会贯通,并在体验过程中逐渐建立知识体系。

例如教学"代数式"这一内容时,可以设计"举一例实际应用题,使其结果可用代数式 $3x - 2y$ 表示,用一组具体的数值代替 $3x - 2y$ 中的 x、y,求出代数式的值,并说明该值的实际意义。"这一问题。

把数学同生活情境联系起来,在新课程的教学内容里面经常体现。对于这个作业题,不同生活经历的学生会得出不同的描述,会赋予 x、y 不同的实际意义,在激发学生的兴趣的同时使创新意识得到了培养。

十、变革作业评价,体现人文关怀

当前,数学教师在给学生布置家庭作业时,布置内容均为数学考试所用书面卷的各种题目。在作业形式的设计中,均为从各个题库中选取的数学题,让学生进行计算。作业内容全部都是巩固课堂教学内容,这种传统型数学作业由于死板和固化,无法让学生在实践中应用数学,无法起到数学作业育人和发展的功能。这样的数学作业加重了学生的负担,不利于数学后期的教学开展数学作业,扼杀了学生对数学学习的兴趣。在新型的"双减"政策下,数学作业的设计需要以创新为指导精神,以多样化和全面功能化为准则,以全面培养学生素质能力为根本目标,进行全方位的设计和规划。数学作业的设计应该兼顾学生的多样个性的发展,实现内容有趣多彩,能够让学生思考,让数学作业变得形式多样,从而有效地提升学生全方位的能力。

每个孩子都渴望成功,可以说,每个孩子都是在激励下大踏步地向前进的。学生非常看重教师对自己的评价,尤其是每天的作业评价。刚开始的时候,笔者也和大多数教师一样,只要学生有错,就会降低学生的等第,有时为了使学生重视,笔者会把等第打得更低。学生打开作业本,往往发出一声叹息。学生并没有笔者预料的那样重视,反而做作业的积极性更低了。对此,笔者看在眼里急在心里,怎样才能调动学生完成作业的积极性,提高作业的正确率呢?笔者翻阅了一些有关心理学的书籍,发现让每个孩子都有体验成功、享受成功的喜悦,才能使他们追求更大的成功。于是笔者改变了方法,当学生作业中出现错误时,学生可以自己订正,订正后也可以拿满分。孩子们一看分数,自然很高兴,有了自信,也就有了兴趣。

十一、遵循作业设计四部曲,深化作业设计质量

1. 明确初中数学作业设计教学的目标

初中数学作业设计教学促进数学教学质量的第一部曲,就是明确初中数学教学的目标。数学教学的目标是数学教学最终所要达到的目的。可以说,数学教学的目标引导着数学教学方案的规划和整个教学计划的开展。尤其是对于初中教育而言,数学教学的目标不仅仅应该限制在完善数学知识体系,更加应该关注数学作业设计教学对于学科发展的作用。这也就是说,数学教学的目标如果足够清晰明确,并且与学科教学相关,数学教学就越能够发挥推动学科教学的作用。

因此,明确初中数学教学的目标,要从以下几个方面出发:首先,要突出

数学教学促进学科教学的目的,明确规定数学作业设计教学服务于学科教学,数学作业设计教学重点在于完善学生的学科理论知识体系和促进数学教学质量。其次,结合学科教学的特色以及学科教学的重点内容,明确数学作业设计教学应该重点关注的数学模块教学内容,这些数学模块教学内容应该与学科课教学内容相关。最重要的是,要明确数学课教学的重点目标是培养学生的数学核心素养,关注学生学习能力以及学习品格的培养,实现学生学习能力和学习品格的跨学科发展。

2.数学与其他学科共同制订人才培养计划

初中数学作业设计教学促进数学教学质量的第二部曲,就是数学与其他学科共同制订人才培养的计划。要想发挥初中数学作业设计教学促进学科教学和学习的目的,最重要的就是要实现数学作业设计教学与学科教学的齐头并进。这也就意味着数学要与其他学科共同制订人才培养计划,共同为学生打下良好的基础。如果学生在其他学习学科基础知识的时候,能够利用相关的数学知识的支持,那么学生就更容易理解学科知识的学习内容,从而减轻学习的压力和负担。

因此,初中数学教师在进行教学的时候,要有意识地服务于学科教学的发展,结合教学内容,与其他学科教师共同制订数学作业设计教学的人才培养计划。首先,数学教师应该与其他学科教师共同梳理学习内容,将学科课与数学课的教学模块进行整体的归纳,做到数学教师与其他学科教师双向了解两门课程的基本情况。其次,数学教师与其他学科教师共同制订和商讨数学课与学科课的教学计划和教学进程,争取能够做到学科课的教学内容与相关的数学作业设计教学进度保持齐头并进,保证学生在学习学科基础知识的时候,能够有相关的数学知识作为支撑。另外,对于学科课教学过程中,需要相关数学知识作为支持,然而数学课本或者是教材内容缺乏的情况,数学教师也应该有计划地去扩展学生的数学知识学习内容,从而为学生学科课的学习提供支持。

3. 数学与其他学科共同沟通人才培养的内容

初中数学作业设计教学促进数学教学质量的第三部曲,就是数学课与其他学科共同沟通人才培养的内容。初中数学教学的内容才是数学作业设计教学的重点,决定了学生最终的数学理论知识体系。数学教学的内容越是细致和符合其他学科的需求,数学课对于促进学科学习发展的作用越大。

为了能够更好地实现数学与其他学科共同沟通人才培养内容的目的,应该从以下几个方面出发:首先,数学教师除了要掌握数学基本的教学内容外,还要充分了解其他学科的教学知识,对学生所学习的学科有一定程度的掌握。从而在开展日常教育教学活动的过程中,在一定程度上将数学的教学知识与学科的教学知识相结合和靠近。其次,数学教师可以开展日常数学的学科化教学。也就是说,数学教师在讲解具体数学知识的过程中,如果有需要学生结合具体的案例进行问题解决的情况,数学教师可以给学生举与其他学科教学内容相关的例子,让学生利用数学知识解决问题。这种数学教学的内容和方法,能够加深学生对数学知识的理解,并且能够帮助学生实现知识的迁移,有利于学生更好地理解和学习其他学科的内容。当然,数学教师也应该将数学课的教学进度和教学的内容时常反馈给其他学科教师,让其他学科教师能够对学生当下的数学学习情况有所了解,从而方便其他学科教师开展日常教学。

4. 数学与其他学科共同组织数学作业设计大赛

初中数学作业设计教学促进数学教学质量的第四部曲,就是数学教师可以邀请其他学科教师共同组织数学作业设计大赛。大赛通过比赛的形式对学生的数学学习情况进行了最直接的考核,能够在一定程度上反映学生目前的学习层次划分和学习情况。数学教师可以分阶段去组织数学大赛，在组织数学大赛的过程中，数学教师可以邀请其他学科教师共同就大赛的题目出谋划策。数学教师可以首先确定本次大赛考试的题型和考查的基础数学知识，并邀请其他学科教师提供相关的学科基本情况数学教师将数学知识和其他学科教学的内容相结合，以此来为学生安排考试的题目。这种组织数学大赛的模式，虽然提升了数学考试和数学大赛的难度，但在实际意义上有利于学生实现数学知识的融会贯通，帮助学生利用数学知识解决学科问题，加深学生学科学习的深度。数学教师与其他学科教师共同组织数学考试大赛，这是当下数学作业设计教学中比较难以实现的模块，还需要数学教师努力去完成。

十二、把数学画出来，深化数学课后作业设计与评价

绘画的目的是重现自然界，绘画的价值就在于精确地再现自然。绘画就像所有其他的基础学科一样，是以数学为基础，表现自然、表现数学中所蕴含的内容的一种形式。在当今的工业化时代，用大机器进行自动化加工和生产产品，都是最初在设计师手中以绘画的形式进行设计。机器把设计师的绘画变成数字，从而用机器的方式生产出来。

发挥初中生的绘画天赋，将其绘画能力与数字相结合，让学生在绘画的过程中学会数学，在学数学的过程中明白绘画中所包含的深层寓意，是我们数学教学中可以使用的数学方法。如何结合初中生已经掌握的数学知识和他们进一步应当学习到的知识，通过绘画的形式引导他们学习数学，需要全方位地推敲和思考，也是下面重点所要研究和讨论的内容。

1. 游戏性画数学

用游戏的方式来画数学，在这个过程中，教师可以选取各种游戏的方案来进行画数学的引导。例如七巧板是一种非常有趣的数学几何游戏，可以

利用七巧板来进行拼图案、画数学游戏。七巧板看着也简单,但实际上并不简单,学生需要比对图形、需要观察,更要根据教师的命题和要求进行快速拼装,所以在这个过程中,有些同学一开始非常缓慢,需要较长的时间进行观察,在拼组过程中也会有动手迟疑的问题,但是很快学生的图形识别速度会加快,观察位置的能力也随之加强。需要长方形时没有长方形怎么办?学生们通过讨论和摸索能够发现两个三角形加一个正方形,就可以拼成一个长方形。这种游戏画数学的方式极强地增加了学生对数学学习的自信心和动手能力,有效地提高学生对于数学的认识和实践能力。

2. 操作性画数学

学生在经过游戏性画数学后,极大地提升了学生对数学几何的认知和动手实践能力。在此基础上,数学教师可以进一步引导学生进行操作性画数学。操作性画数学主要指教学生利用直尺、圆规、三角板等数学测量绘图工具,对数学的描述进行绘画。其中教师可以对题目进行选择和发布,要求学生进行各种图案的绘画和拼装,如三角形的旋转比例大小,给定尺寸,让学生进行画图。在操作性画图的过程中,教师同样应该以引导学生的积极性、增加课程的趣味性为指导,选择学生操作性画数学题目。例如选择用圆规和直尺画标准的五角星,画完五角星后对五角星进行上色装饰等,让学生通过画数学爱上数学。

3. 推导性画数学

学生在学会操作性画数学后,已经掌握了对各类工具的应用,对数学和几何学有了初步的了解。教师应当进一步对学生进行引导性的教导,进行推导性画数学课程的传授。推导性画数学,顾名思义要将数学图形与数字相结合,做到几何与代数相互贯穿,相互连通。当绘制几何图形的时候,教师要引导学生进行联想和分析,计算明白每一个几何图形中所包含的代数意义。同时，教师应该让学生在学习代数的时候进行几何的描述，用几何的方式来描述数学公式中数字关系中的各种形态，充分掌握几何和代数之间的关系，融会贯通几何和代数中内在的逻辑与联系。

第五节　小结

作业设计是一门科学，也是一门艺术。优化作业设计，有效提升数学作业的质量，需要很多策略的相互渗透和相互使用，在不同的教学内容下，需要教师灵活合理地采用相应的策略。我相信，只要坚持，数学作业一定会像缤纷的花儿一样绽放；在新课程理念的春风的吹拂下，打开学生心灵的窗扉，使数学百花园的空气带着丝丝清香，滋润学生的心扉，让学生的情操得到陶冶，让学生的思维得到发展，做到既减轻学生的作业负担，又全面提高学生的素质和综合能力，让学生乐学、爱学数学。

第八章

新课程理念下初中数学核心素养培养与学习

第一节　初中数学核心素养培养与学习的含义

一、数学核心素养的内涵

近年来,我国在数学课程标准的制定中常常会提到"数学核心素养"等词汇。比如有的学者会说,数学素养就是人们通过数学知识的学习逐渐建立起来的对于周围事物的认识、理解的一种思维方式,一般情况下表现为对于周围环境的情况处理能力和思考能力;还有学者认为,数学素养是每个人都需要学会的一种基本的生活能力,其在社会生活中占据着很大的一部分,很多实际问题都需要数学知识做出判断;另外,有学者的观点表明了数学素养其实是一种内在的学习能力,是人在先天的基础上加上后期自身的努力学习所形成的某种状态。

综合来讲,数学素养就是指学生学习了一定的知识、掌握了充分的方法和解决问题的能力,并且能够加以熟练运用,在实际生活中如果遇到了需要解决的问题,学生能够以数学的角度来思考转化问题,然后通过数学方法分析解决问题,培养这种积极处理问题的习惯和品质。初中数学核心素养是初中数学教学培养的关键能力,包含的内容众多,主要包括空间想象能力、空间观念、推理能力、逻辑思维能力、数据分析能力。培养学生数学核心素养为学生奠定了良好的学习基础,帮助学生学好数学。

二、数学核心素养的教育价值

第一,培养学生的数学核心素养能够帮助学生加深对于数学知识理解和记忆。因为数学知识能够将复杂问题化繁为简,通过逻辑理论知识让学生更好地理解掌握知识的基本表现形式和思维方法,让学生自主地将知识联系在一起,加深记忆,更好地学习知识。数学核心素养还对于学生应用能力的提高有着极大的益处,有助于学生培养实事求是的精神,按照一定思维方式解决问题。比如说学生在掌握建模过程中能够把实际问题转化成数学问题,然后用数学语言描述出来并利用学习到的数学知识解决,在一定的程度上促进了学生思考、分析、联想的能力。创新能力的培养和数学核心素养同样有着密不可分的关系。创造性的思维往往建立在批判性的思维之上,所以说对待事物需要理性思考,在对事物提出问题、解决问题的过程中需要认识到事物的本质,运用分析思维推理提出方案,最后解决问题。

第二,数学核心素养可以实现学生综合素质的培养提升。新课程推行之后,学生综合素质全面发展成了新课程的目标。对于初中数学而言,也要严格依据新课程的要求,在日常教学中培养全面发展的人才。初中数学综合素质培养内容广泛,主要包括培养学生的数学计算能力、数学逻辑思维能力、数学沟通能力、数学探索能力和数学创新能力。在传统的初中数学教学模式下,学生的数学沟通能力、数学探索能力和数学创新能力很难得到开发,从而导致初中生综合素质状况不容乐观。开展数学核心素养培养,能够扭转这一困境,帮助初中生逐步提高综合素质。主要表现为:首先,给予了学生更多沟通和交流的机会。初中生在相互交流和沟通的时候,逐步学会通过语言去表达自己的数学想法,从而实现数学思想之间的交流,实现培养学生数学沟通能力的目标。其次,给予了学生更多数学探索和数学创新的机会。核心素养培养关注学生的课堂主导地位,强调让初中生带着问题去学习数学知识,带着思想去探索数学知识。学生带着疑惑去学习的时候,个人的学习能力就会在潜移默化中得到提升。

第二节　初中数学核心素养培养与学习的意义

初中数学核心素养培养与学习的意义之一,就是实现教学方式的创新。教学方式指的是初中数学教师在日常教学过程中所采用的方式方法,也是初中数学教师教学模式的重要表现形式。教学方式对于初中数学教学质量的提高具有重要作用,并且影响初中数学教学的有趣程度。也就是说,初中数学教学方法越是高效,越能提高初中数学的教学质量。相反,初中数学教学方法越是低效,通常情况下也会降低初中数学的教学质量。与此同时,初中数学的教学方式越是新颖有趣,越是多样化,就越能够打造更具吸引力的初中数学课堂并且吸引学生在课堂上学习的兴趣。由此可见,创新初中数学教学方式至关重要。

初中数学核心素养的培养,能够有效地创新初中数学教学方式。主要表现为以下几点:首先,能够提升教师核心素养教学的意识,逐步打造信息化课堂。由于教师认识到核心素养教学的优势和重要性,便开始尝试利用有效的方式开展初中数学教学,这是对以往教学方式的改革和创新。其次,创新核心素养教学的开展方式。初中数学教师在打造核心素养课堂的过程中,在不断地在教学中寻找核心素养培养的多样化开展方式,让初中数学课堂变得更加有趣。

第三节　初中数学核心素养培养与学习的问题

一、教育教学观念落后，不重视学生核心素养的培养

教师的教学观念很大程度上会影响其教学行为，虽然课程改革在不断推进的过程中要求教师要转变观念，但是从实际来看，依然有一部分教师教育教学思想落后，特别是对于新的教育教学理念主动学习的意识不强，个别教师甚至存在一定的排斥心理，依然是坚持"精英教育"，不能做到面向全体学生，还是在坚持"唯分数论"，关注点主要是学生成绩，不能将数学问题上升到数学核心素养的高度，这会进一步造成学生的两极分化，也不利于学生的全面发展。

二、教学方法单一，存在形式主义现象

随着课程改革的推进，让学生"动"起来是初中数学教学的基本要求，注重学生主体地位的发挥，在数学教学中既要关注学生的人格成长，更要注重知识发生与发展的过程。而从现实教学来看，存在着两种现象，其一是少数教师还在坚持旧有的"讲授法"，这种单向输出的模式往往会使学生学习被动，积极性下降。其二是形式主义问题。部分教师片面地认为学生多动就以学生为中心，但是对于整个课堂教学的预设与掌控不够，导致学生活动"虚假繁荣"，实效性不够，甚至存在无序性，这势必会影响教学效果，不利于全面发展学生的数学能力。

三、学生的主动性不够

学生应该是数学课堂教学的主体，需要积极有效地参与课堂教学，用数学的眼光去体会数学的智慧之美，运用数学概念去解决实践中的数学问题。但是在数学课上，部分学生经常积极性不够，甚至课上态度散漫，纪律性较差，尤其是在作业环节，存在抄袭作业和不完成作业等问题，这就不利于学

生数学思维以及核心素养的形成。

四、核心素养培养流于形式

课堂上,教师能够为学生创设提问的机会,但提问的多是一些优秀学生,关注的多是中等生,对于一部分后进生提问的次数明显很少或没有。这与新课程关注每个学生的发展,给每个学生同等的机会的原则是相悖的。现在的课堂上及课后,不少教师还是喜欢让学生重复练习,必要的巩固是必需的,但我们还是要换一种方式和形式,让学生有兴趣练习,使所学得到一定的巩固,不要枯燥地重复。枯燥地重复只会加大学生的学习负担。在课堂上,大部分教师都能有意识地给学生创造讨论的机会,但争辩的机会并不多。学生参与讨论,但不够主动,不少学生对于讨论不是太感兴趣,说明形式不新,组织不好。在很多课上,教师都给学生留有独立思考、合作探究的时间,符合新课程精神要求,只是部分课时间偏少。学生上数学课感觉比较累,不想下课的人极少。

第四节　初中数学核心素养培养与学习的实践方式

一、确定统一的核心素养培养教学理念

确定统一的核心素养培养教学理念,这是初中数学核心素养培养的第一条实现路径。教学理念,决定了初中数学教学的重点以及人才培养的方式。因此,要制定科学和统一的初中数学教学理念,关注初中数学核心素养的培养。首先,明确初中数学核心素养培养的重要性。学校的领导层应该通过组织领导层会议的方式,邀请学校的初中数学教师参与会议,通过集体会议的方式向初中数学教师传达核心素养培养的教学理念,鼓励初中数学教师在日常教学活动中,有侧重地开展核心素养培养活动。其次,制定和下发学校官方的政策文件。初中数学核心素养培养只有制度化和政策化,才

能有效地引起初中数学教师的重视,督促初中数学教师将核心素养培养作为一项教学任务开展。因此,学校要拟写文件,将文件在学校的官网上进行公布,与此同时,将文件张贴在学校的宣传栏内,发挥良好的政策督促作用。

二、开展规范的核心素养培养学校管理

开展规范的核心素养培养学校管理,这是初中数学核心素养培养的第二条实现路径。学校管理指的是从学校层面去开展数学核心素养培养活动,打造专门的管理团队和管理制度。学校只有将初中数学核心素养培养作为一项教学以及行政管理任务去推进和落实,才能真正承担起学校本身在核心素养培养活动中的重任。首先,组织核心素养培养监督管理团队。管理团队应该以校长为负责人和带头人,以数学专业的教研室组长作为二把手,以整个学校的数学教师为执行者,分任务、有重点地去推进核心素养培养学校管理工作。这其中,校长负责把控整个核心素养培养活动的总方向,提供决策方向的指引。数学教研组的组长负责上传下达和监督工作,协调推进初中数学核心素养培养活动开展。全体数学教师负责执行工作,在执行层面利用科学高效的方式推进数学课核心素养培养教学活动落地。其次,落实核心素养培养专项任务常态化。也就是说,学校应该将初中数学核心素养培养教学活动实现常态化,鼓励教师逐步形成成熟和高效的培养体系。

三、鼓励积极的核心素养培养科研工作

鼓励积极的核心素养培养科研工作,是初中数学核心素养培养的第三条实现路径。初中数学核心素养培养科研工作开展的情况以及取得的成果,在某种程度上反映了学校目前数学教师在核心素养培养方面的造诣和研究。科研工作的氛围越是浓厚,越意味着数学教师会将更多的精力放在研究如何开展数学核心素养培养教学上,这不仅能够推动教学的改革,而且能够推动科研创新。因此,学校要重视科研工作开展。首先,加大资金方面的

支持。学校应该鼓励初中数学教师开展核心素养培养科研工作，为教师划拨专享的资金，保证教师能够有充足的资金开展科研工作。其次，搭建科研小组。数学教师团体内部要自觉主动地组建不同的科研小组，每一个科研小组都应该制定年度科研任务，明确各自的科研职责，以此来推进科研工作的有效开展。再次，将科研工作与绩效考核挂钩。学校应该依据教师在科研领域取得的成就作为教师绩效考核的标准之一，以此来督促和鼓励教师投入精力开展科研工作。

四、提供先进的核心素养培养信息技术

提供先进的核心素养培养信息技术支持，这是初中数学核心素养培养的第四条实现路径。初中数学核心素养培养所涉及的内容众多，这就需要利用不同的教学方式去提高核心素养培养的效率和质量，其中信息技术条件更是必不可少，信息技术融入初中数学核心素养培养教学已经成为重要趋势。首先，学校应该配备先进的信息技术设备，主要包括多媒体设备等。与此同时，要保证设备的充足，尽量保证每个班级都能拥有一套用于教学的完整的信息技术教学设备，以此作为教师信息化教学方式的落实条件。其次，开展信息技术教学培训。许多数学教师利用信息技术开展核心素养培养教学的行动缺乏，主要原因是由于个人信息技术应用能力比较差。这时候，学校可以定期组织初中数学教师参加多媒体设备及信息技术使用培训，帮助教师增长教学技巧和提高教学能力，让初中数学教师能够利用多媒体设备有效开展核心素养培养教学。

五、实施严格的核心素养培养教学评价

实施严格的核心素养培养教学评价，是初中数学核心素养培养的第五条实现路径。教学评价指对教学活动的质量和教学活动的效果进行评价考核，以此来确定核心素养教学的有效性。首先，确定教学评价的标准和规则。

教学评价的标准和规则应该依据数学核心素养培养的内容来确定,实现考核标准对标培养内容。在此基础上,严格依据教学评价的标准考核核心素养培养的基本情况。其次,确定教学评价的开展方式。数学核心素养培养教学评价可以通过线上线下结合的方式开展,线上评价主要是为了更大面积地收集学生对于课程教学情况的反馈,线下评价主要是为了通过面对面的形势更加准确地获得基本信息。线上线下结合的教学评价开展方式,保证了评价方式的科学性。再次,确定教学评价的参与主体。数学核心素养培养效果如何,这需要学生本人、初中数学教师、学校的领导以及学生家长共同参与进行评价。因此,在开展教学评价的时候要考虑到这四个主体的评价和意见,保证评价的全面性。

六、开展 STEAM 教学,培养数学核心素养

STEAM 理念下初中数学教学的意义,就是培养学生的逻辑思维和联想能力。初中阶段是学生思维能力快速成长和发展的阶段,在这一思维能力成长的黄金时期,初中数学教师应该重点从学科特色出发,培养学生的逻辑思维与联想能力。逻辑思维与联想能力决定是初中生学习初中数学的关键能力,能够帮助初中生思考抽象和复杂的数学问题,让学生从不同知识领域的视角去思考抽象化的数学问题,从而更好地找到问题的解决办法。与此同时,初中生将数学问题与多学科知识相结合,能够改变初中生固有的思维模式,提升初中生思考的深度以及广度,从而有利于培养初中生的逻辑思维能力。

STEAM 理念下初中数学教学的意义,就是体现数学教学的实践性与实用性。数学知识可以用于解决生活中的许多问题,具有较强的实践性和实用性。但是当下义务教育主要以应试考试为目的,这也导致初中数学教学的实用性和实践性被削弱。STEAM 理念运用到初中数学教学中,能够让初

中数学教学变得更加实用。能够让初中生看到初中数学在其他学科和其他领域中应用的场景,能够引导初中生结合具体的场景去思考和解决数学问题。

1. 提高 STEAM 理念渗透初中数学教学意识

STEAM 理念下初中数学教学的第一条实现路径,就是提高 STEAM 理念渗透初中数学教学意识。可以从以下几点做起。

第一,宣传 STEAM 理念的重要性。学校应通过组织数学教师座谈会的方式,给予数学教师充分沟通和交流的平台,引导数学教师在交流 STEAM 理念的过程中,增加对于 STEAM 理念价值的认可。

第二,组织 STEAM 理念教师培训。学校应为初中数学教师普及 STEAM 理念应用的原理,让初中数学教师明白 STEAM 理念应用的目的和初衷,从而更加深刻地知晓 STEAM 理念对于初中数学教学的作用。

2. 基于 STEAM 理念设计初中数学教学目标

STEAM 理念下初中数学教学的第二条实现路径,就是基于 STEAM 理念设计初中数学教学目标。教学目标要从以下几点出发。

第一,培养善于思考的初中生。这主要指的是,在初中数学教学中,数学教师要引导学生运用多学科知识,结合具体的生活场景,去思考抽象化的初中数学问题。同时,要引导学生运用数学知识,去解决其他学科和领域的问题。在多学科教学理念下,重点强调初中生思考的灵活性,强调帮助初中生突破思维模式的限制。

第二,培养善于动手的初中生。这主要指的是,在初中数学教学中,数学教师要引导学生通过动手实践去完成数学问题。以初中数学最经典的"植树问题"为例,这不仅是一个数学问题,也是一个工程领域的问题。初中数学教师可以为每个学生发放火柴棍,让初中生以火柴棍代替树木,摆放火柴棍,最后得出问题的答案,让初中生明白植树问题的原理。学生通过动手实践的方式去学习植树问题的原理,能够更深刻地记住这一原理。

3. 基于 STEAM 理念设计初中数学教学方式

STEAM 理念下初中数学教学的第三条实现路径,就是基于 STEAM 理念设计初中数学教学方式。教学方式是初中数学教学效果和教学质量的重要保障,生动有趣的教学方式往往能够取得意想不到的教学效果。基于多元化理念的初中数学教学方式,可以采用以下几种模式。

第一,生活化教学。主要指结合具体的生活场景,联系生活实际,或者带领学生到具体的生活场景中去学习和解决数学问题。例如,教师可以带领学生到科学馆进行参观,并结合科学馆的具体场景,为学生讲解相关的数学知识和数学问题,让学生知道数学数学与科学之间的联系。

第二,游戏化教学。主要指通过涉及具体的游戏教学场景,让初中生通过做游戏的方式去学习初中数学。需要注意的是,多元化理念下的初中数学游戏教学,在游戏设计以及游戏完成的过程中,一定要将多学科知识运用融入游戏设计的每一个环节,并且在游戏环节中为学生创造具体的数学问题情境,真正做到数学游戏与 STEAM 理念的结合,让学生在轻松愉悦的氛围中完成数学学习任务。

第三,小组合作教学。主要指将班级里的初中生划分为不同的学习小组,以小组为单位开展 STEAM 理念下的数学教学。在小组合作的过程中,不同小组成员之间互相启发和交流,能够进一步打开初中生的数学思维,并且在小组共同完成数学任务的过程中,STEAM 理念实现了进一步的渗透。

第四,信息技术教学。主要指通过利用现代信息技术和先进教学媒体的优势,为学生创造更加真实的 STEAM 理念数学教学场景,从而辅助学生理解初中数学的知识,引导 STEAM 理念深入到初中生数学学习的观念中。

七、创新教学理念和教学模式，做到理论联系实际

初中数学课堂培养学生的核心素养时，一定要创新教学理念和教学模式，做到理论联系实际。在以往的教学中，很多教师不重视数学课程的设计，采取的教学模式多数是教师讲授，学生聆听，然后依据笔记掌握相关的理论知识。其实，在一线的教育教学中，教师应该落实素质教育的理念，从学情出发，优化教学设计，不断创新教学模式。学生未来在学习和工作中都会遇到数学问题，所以在教学的过程中要引导学生掌握必要的理论知识，同时参与生活实践，提升他们的核心素养。教学实践证明，如果在教学的过程中一味让学生死记硬背和机械式的掌握相关的数学知识，学生只能考出一个好成绩，但是他们的数学核心素养是很难提高的。新形势下，教师应该创新教学模式，采取小组合作、自主探究、翻转课堂、微课课堂等方式，调动学生的积极性和主动性，同时注重学生生活实践能力的培养，促进学生数学核心素养的提高。

八、摆正"教""学"的地位，引导学生学会自主学习

教学活动是一种动态化的教育、学习和知识传授的过程，在整个过程中都伴随着两种活动同时进行，一种就是教师的"教"，另外一种就是学生的"学"。教学目标的实现和教学质量的提升落脚点在学生的"学"上，教师的"教"只充当着学生学习多元化途径当中的一条而已。在以往的教育教学中，教师大多数时候只考虑到个人的讲授，在课堂的设计过程中很少考虑到学情，导致学生的学习兴趣较为淡薄，学习的效果也不容乐观。新形势下，数学教师一定要摆正自身的地位，认清自身的角色，正确处理好"教"与"学"的关系，给学生足够的课堂重视和尊重，在课堂教学中突出培养学生的问题意识和探究能力，只有这样才能落实素质教育的理念，实现有效教学，提升学生的核心素养。学生自主学习能力的提升起源于学生的探究意

识和探究能力的培养,数学教学要优化教学过程和教学设计,让学生敢于提出问题,并分析和处理问题。学生有疑问就说明学生在思考问题,寻找解决问题的方法,这就是在自主学习和自主探究,这是非常难能可贵的。培养学生的数学核心素养,不妨从学生提出问题开始,提出问题就意味着学生开始主动学习和主动探究了。

九、巧用微课程教学,提升学生的数学核心素养

探究微课程在提升初中生数学核心素养中的作用和策略,首先就要清楚微课程的制作方式。一般来说,常用的微课程制作方式有:利用微课笔或者电子白板制作的微课视频、利用手机相机录制的微课程视频、利用 PowerPoint 办公软件制作的 PPT 课件微课程、利用屏幕录像软件制作演示或操作微课程等。PPT 课件是一种较为常用的也是较为实用的教学模式和手段,这种教学手段较为简单,在微课教学中通过 PPT 课件的方式提供给学生,让学生进行学习。在利用 PPT 课件的时候,可以是单一的 PPT 课件,进行点击操作,也可以通过转变保存方式,把 PPT 转化为视频,供学生进行多元化的学习。初中数学在教学内容上区别于其他学科,很多知识点和内容不易于用文字来说明,而是需要多元化的图像和影像完成,所以可以依据教学内容的变化选取录屏软件,将屏幕显示信息动态地录制下来,形成视频微课程。数学教师在微课程制作的时候,需要掌握一定的技巧和方法。首先,数学微课程知识教学活动的有机构成部分之一,要想实现有效教学,必须整合其他环节。除了必要的知识讲授外,还可以把数学核心要素的教学设计、习题集、学生测试等辅教学资源与微视频一起呈现给学生。其次,录制微课程视频,微视频是微课程的核心要素和构成部分,针对初中数学课程的教学内容,教师可以采取手机、录像机等携带方便的音像录制工具来进行教学视频的录制工作。需要注意的是,在录制微视频的时候,要讲究录制的稳定性,

不要晃动和抖动画面视频。

十、倡导"读思达",实现核心素养培养目的

1. 变被动为主动,让学生成为主人公

变被动为主动,让学生成为学习的主人公,这是"读思达"教学法在初中数学教学中应用的第一个对策。被动学习与主动探索往往在学习效果上存在重大差异。被动学习以接受别人思考成果的方式去了解一项新的知识与内容,而主动探索以自己去挖掘新的知识领域的方式,去思考一项新的事物,在这一过程中,初中生会形成自己对于事物的看法,思维能力和学习能力也得到了同步提升。基于此,教师要逐步将"读思达"教学法用到日常数学教学过程中,比如可以通过采取安排学生课前预习的方式,引导学生提前学习和思考新的学习内容,并记录学习过程和笔记,通过课堂授课和提问的方式,解答预习过程中遇到的问题,以此来提升学生的学习能力与学习素养。

2. 提高"读思达"教学法培养意识和能力

提高"读思达"教学法培养意识和能力,这是"读思达"教学法在初中数学教学中应用的第二个对策。首先,学校应该加强倡导,鼓励数学教师将"读思达"教学法运用作为数学课的重要教学目标,以教研组为单位,开展"读思达"教学法培养主题教研活动,提高教师的重视程度。其次,学校可以通过工作群、公众号等方式积极营造学习氛围,提醒教师落实"读思达"教学法任务的重要性,在潜移默化之中,逐步让"读思达"教学法成为一种自发的教学行为。学校应该为数学教师个人能力的培养提供充足的资金支持,从资金上保证数学教师能力培养的有效长效性。学校还可以引进校外优质的教师资源,请其他学校的一些名师为本校数学教师开展能力提升指导。与此同时,还可以鼓励教师自发地搜索网络上的一些学习资源和参加

校外的一些培训课程,自发积极地去提升个人"读思达"教学法培养的能力。

第九章

结束语

数学作为基础教育最重要的学科之一，为其他学科提供了语言、思想和方法，是一切重大技术发展的基础，对提高推理能力、抽象能力、想象力和创造力有着独特的作用。传统的数学教学方法很大程度上阻碍了这些作用发挥。究其原因，主要是传统教学只注重"教"，不注重"学"。可见，任何以"教"代替"学"的想法和做法都是不可行的，最终必将以教学的失败告终。因此，从"教"向"学"转型的教学改革势在必行。教师必须在教学中研究方法的转变。

"以学生为本"是基础教育课程改革的宗旨；"以学生为本，一切为了学生的发展"是基础课程改革的基本思想和基本理念。

著名教育家陶行知先生指出，好先生不是教书，也不是教学生，乃是教学生学。美国心理学家罗斯也强调，每个教师应当忘记他是一个教师，同时应当具有一个学习促进者的态度和技巧。专家学者们多次强调了学生在整个教学过程中始终是认识的主体和发展的主体的思想，强调了以学生为主体的重要性。因此，教师要讲究教学技巧，从学生实际出发，摸索适合当代初中生数学学习的模式，充分挖掘潜能，引导学生进行自主探索思考不断获得新知，不仅要使学生获得能力的提升，同时也要让教学活动呈现出可观的效果。

初中数学教学方法改变,要掌握以下几点技巧。

一、拉近师生距离,取得学生信任

和谐良好的师生关系可以增进彼此之间的感情,产生学习交流的共鸣。一旦学生对教师产生好感,就会在心理上自觉地靠近,容易接受对方传授的知识,碰撞出思维的火花,达到预期的教学效果。因此,初中数学教师要运用教学技巧取得学生信任,并尽自己的努力让学生觉得数学并不可怕,引导学生发现数学的乐趣,建立"生活中学数学,学数学为生活"的教学目标。

二、营造轻松愉快的课堂氛围,为知识的传授创设条件

军事上作战强调天时地利人和,缺一不可,初中数学教学也是一场无声的战争。天时不由人,密切师生关系可以说是做到了人和,因此教师要想办法创造地利,即轻松自在的课堂环境,使学生放下一切负担,享受课堂氛围。历来初中数学课堂都比较紧张。作为转承高中数学的接力中转站,中学教师向来都是励精图治,讲起课来滔滔不绝,殊不知这样一来学生的压力无形中增大了。人在紧张的氛围下接受新事物的能力和水平都会大幅度下降,欲速则不达,教师可以在课堂中穿插一些生动的数字游戏、数学趣闻,营造轻松的氛围,挖掘学生潜能,必定会有意想不到的收效。

三、讲究方法,轻轻松松同步提高教与学水平

1. 夯实基础不放松,注重课本基础知识

对于初中数学来说,课本是万题之源,一切复杂的习题都是课本习题的变形,教学技巧的应用也是以课本为中心开展。解题时要找到突破口,从切口进入,采用"倒扒皮"逻辑推理方法,一层一层地接近真理。现实中,许多学生往往乐于追求解决难题的兴奋感和成就感,对基础的习题不够重视,这恰恰影响了对于知识点的掌握,局限自身的答题思维,找不到答题突破口。

教师在教学中要时时刻刻纠正学生的错误认识,强调基本概念、公式、公理、定理等的重要性,在练习中联系原理,反复强化记忆。

2.**通性通法记心底,举一反三**

归纳总结是初中数学教学中经久不衰的好方法。初中阶段大量的习题实际稍稍动动脑子,把题型进行总结归纳,就会发现不过是一些通性通法在作怪,一切难题都是纸老虎。教师在教学伊始要善于引导学生进行同类题型的归纳,整理类似的解题思路,触类旁通,一看到类似的题目就反应出解答思路,节省作答时间,激发学习兴趣,更深层次地挖掘潜能。

3.**错题重做,挖掘潜能,温故知新**

初中是学生习惯养成的时期。养成错题重做的习惯不仅可以解决数学学习的难题,而且也是对记忆的一种锻炼。人是容易遗忘的,记忆力极佳的人也不过是采取最为普通的记忆方法:无休止的重复再重复。

四、教师教学方法要有所突破

教师要有所突破,开展新形式的教学方式。教师与学生关系再密切,最重要的也是把握好课上的四十五分钟。这就要求教师在教学方面舍得花时间去钻研创新和突破,找到适合自己的教学方式。近年来全国各地开展的兴趣小组、建模小组都是教学界开辟的新模式,为数学教学提供了值得参考的教学案例。新教学形式的开展可以吸引学生的注意力,让学生紧紧跟随教师的思路。

五、因材施教的灵活教学技巧

每个学生都是可雕可琢之木,处于成长发育阶段的初中学生可塑性很强,有待进一步挖掘潜能,成器的关键还需要园丁因材施教的智慧。世界上不存在两片完全相同的树叶,不同的人都具有不同的特性,彼此之间具有相似性但绝不会相同,教师要有一双善于发现的眼睛,通过与学生的交流对话,发现不同学生身上特有的潜在优势,扬长避短,把每株树苗都育成参天大树。

六、探索指导学生良好的非智力因素形成

影响学习的因素主要包括智力因素和非智力因素两大类。其中非智力因素主要包括需要、兴趣、情感、意志力及学习态度和学习习惯。研究表明:非智力因素与学生的学习效率呈显著的正相关。从某种意义上说,非智力因素比智力因素对学习影响更大。有了积极的非智力因素,才能使学生学习的积极性长盛不衰。因此,我们应把培养学生良好的非智力因素放在首要地位,具体可从以下三方面入手。

1.点燃学生兴趣的火花,激发学生的求知欲和探索欲

兴趣不是与生俱来的,它常常是在实践活动中培养出来的。有了兴趣,学生才会积极主动地去探索那些本该发现而没有发现的问题。

2.锻炼学习意志

如果说成功是一幢大厦,那么自信就是大厦的奠基石,而意志则是浇筑大厦的混凝土。一个人的意志直接影响其事业的成败,因此,要让学生通过一定的心智努力,在探索与思考中解决问题,但要注意问题的难度应适中,太难会挫伤学生的自信心,太易又不能锻炼学生的学习意志。

3.端正学习态度,培养学生良好的习惯

如果说兴趣是学好数学的前提,意志是学好数学的关键,那么良好的学习态度与学习习惯则是学好数学的重要保证。笔者认为,培养好的学习习惯,除了获取学生的信任与支持外,还要依仗合理可行的规章制度,为他们营造良好的学习环境和学习空间,对不同类型不同层次的学生提不同要求,并不断反馈、不断调整、不断强化。

七、探索学生学习方法内化的指导

在数学教学方法的研究中还要注意对学生学习方法的矫正指导。学生

在自学的过程中,总会出现因学习方法或学习行为不当而导致学习发生困难的现象。这就需要教师对学生存在的问题有较清晰的认识,善于发现问题的症结。细心的教育工作者会为每个学生的学习情况建立档案,加强调查与观察,随时记录学生反映的困惑和问题,采取相应矫正措施,并对矫正结果跟踪记录,以便及时反馈、及时调整。

八、探索学生数学学习过程中能力形成的指导

数学学习能力主要包括观察力、计算力、思维力、想象力、判断推理能力以及自学、交往、言语表达等能力。学法指导的终极目标就是培养学生具有较强的学习能力。而能力总是在活动中逐步形成的,因此,对学生学习能力形成的指导就是对整个学习活动过程的指导。在学生学习活动过程中,教师要充分挖掘教材,注意疏通信息渠道,善于引导学生积极思维,使学生不断发现问题、提出假设、检验假设直到解决问题,从而形成勇于钻研、不断探究的习惯,架设起学生由知识向能力、能力与知识相融合的桥梁。笔者的经验是:第一,对不同层次的学生的数学学习能力的培养要有不同的要求;第二,根据不同学生的学习能力,结合数学教学采取多种方法进行培养;第三,根据个别差异因材施教,在培养数学学习能力时,应采取小步子、多指导、多训练的方式进行;第四,应通过课外活动和社会实践,促进学生数学学习能力的不断发展。

九、教师要转变自身的思想观念

新一轮的课程改革中,教学理念更先进,课程设计更科学,更有利于素质教育的大面积推进,这就需要广大一线教师在教学实践中加以落实,对数学教育改革中的头等大事,必须下大力气去认真学习,努力探索,要多关注学生的"学",打破以往的"以学科为中心"的传统理念。教师在制定教学目标时,要体现以人为本的新理念,同时,要有利于教师与学生双方面的发

展与成长。因此作为面临新课程改革的中学教师，我们一定要走出以往的经验主义误区，彻底转变思想观念，尽快使自己的教学思想"脱胎换骨"，以新的教学理念去适应新的教育形势。

十、培养学生形成自主学习的习惯

数学不仅十分抽象，而且是非常复杂的一门学科。学生对数学的学习经常感觉枯燥无味，总是提不起兴趣。对此，数学教师不得不另辟捷径，把数学中抽象的概念和公式进行转化和延伸，使学生在教师的指导下进行多维思考，激起学生对数学的兴趣。比如，列方程解应用题是中学生普遍感到困难的内容之一，主要困难在于掌握不好用代数方法分析问题的思路，习惯用小学的算术解法，找不出等量关系，列不出方程。因此，教师可以在教列代数式时有意识地为列方程的教学做一些准备工作，启发学生深入自主学习，从错综复杂的数量关系中去寻找已知与未知之间的内在联系。学生通过自己画草图、列表，参看一定数量的例题和习题，逐步寻找出等量关系。这样大部分学生都能较顺利地列出方程，碰到难题也会进行积极的分析。

十一、注重学生学习兴趣的培养

绝大多数学生对新鲜事物都有敏感性、好奇心，具有强烈的自我表现和好胜心理。根据这种心理，教师应该改变传统的讲授方法，设计出新颖的教学过程，把枯燥的数学知识转化为激发学生求知欲望的刺激物，从而引发其产生进取心。一个好的数学教师，要善于运用幽默的语言、生动的比喻、有趣的例子、别开生面的课堂情境，去激发学生的学习兴趣，提高学生学习数学的自觉性，最终全面提高数学教学质量。因此，在教学中培养学生学习兴趣要注意以下几点：

高度重视导入课的教学，精心设计并以极大的热情讲好导入课，使学生产生一种要学好数学的良好愿望，这对培养学生学习兴趣起奠基作用。

将数学生活化,联系学生感兴趣的生活原型,使抽象的数学知识变得直观、具体、形象,激发学生的求知欲。

配合教学内容,让学生参与数学课堂教学,让学生参与知识的发现过程。这里所说学生参与知识发现过程,是指学生在教师启发指导下,独立思考、积极主动地去探索知识是怎样形成的,从而激发学生的学习兴趣。

十二、注重学生主观能动性的培养

"以学生发展为本"的新课程理念提出"改变过于强调接受学习、死记硬背、机械训练的现状,倡导学生主动参与、乐于研究、勤于动手"。就学习数学而言,学生一旦享受到学习活动的成功,便会强化学习动机,从而更喜欢数学。因此,教学设计要促使学生的情感和兴趣始终处于最佳状态,从而保证施教活动的有效性。教师的真正本领,主要不在于讲授知识,而在于激发学生的学习动机,唤起学生的求知欲望,让他们兴趣盎然地参与到教学全过程中来,经过自己的思维活动和动手操作获得知识。这就要求教师结合新课程标准,在教学中多开展一些生动活泼的社会活动,让学生把课本知识运用到社会实际生活中去,进行实地操作观察分析和总结,真切体验数学知识在实践中的意义。

总之,初中数学教学方法的探索是一个循环往复、螺旋式上升的过程。教师要力求做到转变思想与传授方法结合,课上与课下结合,学法与教法结合,教师指导与学生探求结合,统一指导与个别指导结合,建立纵横交错的学习方法指导网络,以促进学生掌握科学有效的学习方法。新课程标准下数学教学方法及学生学习方式的同步转变是课程改革中一项长期而艰巨的工作,一线教师必须坚定信念,把握新课程理念,用好新教材,将课程改革进行到底,培养出高素质的现代化人才。